Das Buch

Gauck gab der Behörde seinen Namen, was gewiss seiner Eitelkeit frommte. Er leitete die Einrichtung mit den sogenannten Stasi-Unterlagen zweimal fünf Jahre, ihm folgten zwei andere Chefs nach, gleichwohl schafften es diese nicht zu jener zweifelhaften Popularität, die der Rostocker Ex-Pfarrer sich hart erarbeitete. Die Woge medialer Verklärung sollte ihn 2010 ins Amt des Bundespräsidenten hieven, doch die Kanzlerin kannte ihren Pappenheimer und wusste dies damals noch zu verhindern. So mussten die Medien den Wulff zur Strecke bringen, um für Gauck den Weg freizumachen. Das zweite Mal ist objektiv aber auch die zweite Wahl.

Klaus Huhn beschreibt den Mann, von dem noch einiges zu befürchten ist.

Der Autor

Klaus Huhn, Jahrgang 1928, Berliner, seit 1945 publizistisch tätig. Er gehörte zur Gründergeneration der Tageszeitung Neues Deutschland *und arbeitete dort bis 1990, die meiste Zeit als deren Sportchef. Bis 1993 war er Vizepräsident des europäischen Sportjournalistenverbandes.*

Nach seinem Ausscheiden aus dem ND *gründete Huhn den spotless-Verlag und den spotless-Buchklub, die sich nunmehr fast zwei Jahrzehnte erfolgreich am Markt behaupten. Im Februar 2012 erschien unter dem Dach der Eulenspiegel Verlagsgruppe der 250. spotless-Band.*

Klaus Huhn

Die Gauck-Behörde

Der Inquisitor zieht ins Schloss

Inhalt

Gauck mag als jovialer Greis Sympathiepunkte machen. Ansonsten ist Gauck Heitmann II. Doch im Unterschied zum damaligen sächsischen Justizminister, der wegen seiner Äußerungen zur deutschen Geschichte und Migrationspolitik als Bundespräsidentenkandidat bald zurücktreten musste, heben ihn nun SPD und Grüne auf den Schild. Die rechtskonservative Junge Freiheit *jubelt in ihrer aktuellen Ausgabe »Wir sind Präsident«, während Claudia Roth und Sigmar Gabriel heute für einen Kadidaten werben, der sich als Referent des Studienzentrums Weikersheim an Treffpunkten von Konservatismus und Rechtsextremismus offenbar wohl fühlt. Man fragt sich, was mehr mieft, das rot-grüne Getue oder der Kandidat.*

Marian Krüger
in: *neues deutschland*, 24. Februar 2012

Die Anrufung

Es geht um den Bundespräsidenten. Für den gilt bekanntlich: Er »vertritt die Bundesrepublik Deutschland nach außen, signiert Gesetze, ernennt oder entlässt Minister, kann das Parlament auflösen, hält Reden und gibt Empfänge«. Er muss keine Eignungsprüfung ablegen, und auch sein Vorleben bis zur Wahl wird nicht von amtlichen Instanzen überprüft, was nicht ausschließt, dass Journalisten dies tun.

Die stoßen in der Regel als erstes auf das Grundgesetz, das einen eigenen Abschnitt (V., Art. 54 bis 61 GG) über den Bundespräsidenten enthält. Und zwar:

»Prägung des Amtes durch die Person.

Der Bundespräsident ist das einzige Verfassungsorgan, das aus nur einer Person besteht. Die Persönlichkeit des Amtsinhabers prägt deshalb zwangsläufig die Amtsführung in besonderem Maße. Nicht zuletzt aus diesem Grunde hat die bisherige Staatspraxis maßgeblichen Einfluss auf die heutige verfassungsrechtliche Stellung des Bundespräsidenten genommen.

Auch wenn es keine Vorschrift im Grundgesetz gibt, die dem Bundespräsidenten politische Stellungnahmen verbietet, so hält sich das Staatsoberhaupt in aller Regel mit öffentlichen Äußerungen zu tagespolitischen Fragen zurück. Dies gilt insbesondere dann, wenn sie parteipolitisch umstritten sind. Die ihm auferlegte parteipolitische Neutralität und Distanz zur

Parteipolitik des Alltags geben ihm die Möglichkeit, klärende Kraft zu sein, Vorurteile abzubauen, Bürgerinteressen zu artikulieren, die öffentliche Diskussion zu beeinflussen, Kritik zu üben, Anregungen und Vorschläge zu machen. Um der Überparteilichkeit zu entsprechen, haben alle Bundespräsidenten ihre Parteimitgliedschaft während ihrer Amtszeit ruhen lassen.«

Diese Sätze sind so etwas wie eine »Gebrauchsanweisung« für den Bundespräsidenten, die aber keine

19. Februar 2012: Vorstellung des Kandidaten

Silbe zu der Frage enthält, wie jemand überhaupt zur Kandidatur gelangen kann.

Zum Beispiel Joachim Gauck.

Dessen (neuerliche) Berufung vollzog sich angeblich so: Der Betreffende bestieg am 19. Februar 2012 in Wien ein Flugzeug nach Berlin. Die gute Stunde Flugzeit bot ihm genügend Gelegenheit, in den von freundlichen Stewardessen verteilten Zeitungen die neuesten Nachrichten zu lesen, die ihn schon deshalb interessierten, weil er nach seinem Scheitern bei der Bundespräsidentenwahl 2010 und Wulffs Rücktritt als Wiederholungs-Kandidat ins Gespräch gebracht worden war. Die Zeitungen verrieten ihm, dass die Bundeskanzlerin emsig einen Bewerber suche, aber zu verstehen gegeben hatte, dass Gauck aus verschiedenen Gründen nicht in Frage käme. Was Gauck ferner wusste, nun aber in den Zeitungen bestätigt fand: SPD und Grüne wollten ihn (wieder) – schon um damit Merkel zu ärgern. Die Partei Die Linke war nicht konsultiert worden, und die FDP sah sich durch das Koalitionsabkommen in die Kanzlerinnenpflicht genommen. Als die Maschine zur Landung in der deutschen Hauptstadt ansetzte, war Gauck im Bilde, schob die Zeitungen in das Netz seines Vordermanns und sah – gemeinsam mit der Frau, mit der er, wenngleich mit einer anderen verheiratet, seit Jahren zusammenlebte – auf das erleuchtete Berlin hinab, wo Frau Merkel und eine Schar von Männern gerade beisammensaß, um zu klären, wer künftig Bundespräsident sein solle.

Joachim Gauck verließ den Flughafen, stieg in ein Taxi, sein Handy klingelte, und er erfuhr die Bitte der Kanzlerin, dass er auf dem schnellsten Wege zu ihr eilen möge. Woher ich das weiß? Weil ich für 70 Cent ein Berliner Boulevardblatt erwarb, dessen Titelseite verkündete: »In meinem Taxi wurde Gauck zum Präsidenten – 7.200 Taxis gibt es in Berlin. Doch Joachim Gauck (72) wurde ausgerechnet in seinem Wagen zum neuen Bundespräsidenten, bekam dort den historischen Anruf von Angela Merkel. In der B.Z. erzählt Taxi-Unternehmer Alexey Abramow (62) die unglaubliche Geschichte seines Fahrers Vadim B.«

Auf Seite 4 verriet Vadim B. sensationelle Details: »Das Taxi nimmt die Route über die Stadtautobahn. Kurz vor dem Hohenzollerndamm klingelt das Handy des Gastes.

›Hallo, Guten Tag‹, vernimmt der Fahrer. Und dann: ›Frau Merkel, ich höre Sie …‹ Zwei bis drei Minuten dauert das Gespräch. Der Kunde sagt nicht viel. ›Ja.‹ Und dann wieder ›Ja‹.

Als der Gast aufgelegt hat, sagt er zu Vadim B.: ›Wir müssen jetzt zum Kanzleramt.‹ Und nach einer winzigen Pause: ›Vielleicht fahren Sie gerade den neuen Bundespräsidenten.‹«

So erfuhr die Welt, wie sich die Berufung Joachim Gaucks zum neuen Bundespräsidenten vollzog.

Der Richtige

1955 drehte Erich Engel in der Bundesrepublik den erfolgreichen Film »Du bist die Richtige«. 45 Jahre später erschien die Tageszeitung *Die Welt* mit der Schlagzeile »Der Richtige« (meinte aber nach Meinung vieler den falschen) und prophezeite damit, dass Gauck bei der 2010er Wahl der passende Bundespräsident sei. Bald darauf erwies sich, dass der »Richtige« unterlegen war. Zwei Jahre später meldete nun *Bild* (aus dem gleichen Verlagshaus wie *Die Welt*): »Der richtige Präsident«.

Bei Regisseur Engel handelt es sich um den Titel eines belanglosen Lustspiels. Ein knappes halbes Jahrhundert später geht es um den ersten Mann im Staate. Also beileibe kein Lustspiel.

Der *Focus* schrieb am 20. Februar 2012 über Gaucks Inthronisierung als Kandidat: »Der DDR-Bürgerrechtler hat gerade erfahren, dass er Bundespräsident wird, er ist ergriffen und auch ein bisschen verwirrt, weil alles so schnell ging am Ende. Aber Gauck schweigt deshalb nicht. Aus dem Stegreif umreißt er grob das Amt, so wie er es ausfüllen möchte. Am Wichtigsten sei ihm, sagt er, dass die Menschen wieder lernen, dass sie in einem guten Land lebten. In einem Land, das sie lieben könnten. [...] Aber der Pastor beherrscht nicht nur das Pathos des Predigers, er sagt auch Dinge, die mal eben in seinem Kopf aufblitzen. [...] Niemand solle denken, dass er ›ein Supermann oder fehlerloser Mensch‹ sei.«

Wer nimmt das überhaupt an? Zumal selbst das Attribut »Bürgerrechtler«, mit dem er sich schmückt oder schmücken lässt, unzulässig sei, wie Hans-Jochen Tschiche (82), Pfarrer wie Gauck und einst Leiter der Evangelischen Akademie in Magdeburg, in einer vom Berliner *Tagesspiegel* am 23. Februar 2012 verbreiteten Erklärung befand. »Er hat niemals zur DDR-Opposition gehört, deren Akteure man im heutigen Sprachgebrauch Bürgerrechtler nennt. Er verließ erst Ende 1989 die schützenden Mauern der Kirche und kam über das *Neue Forum* in die Volkskammer«, so der empörte Tschiche. Gauck habe sich in München bei einer Preisverleihung mit den Geschwistern Scholl vergleichen lassen »und wurde noch nicht einmal schamrot«. Er reise »ohne Skrupel« auf dem Ticket Bürgerrechtler durch die politische Landschaft. »Er ist kein Vater der protestantischen Revolution, sondern er gehört zu denen, die sie beendet haben.«

Tschiches Fazit: »Gauck ist die falsche Person.«

Auch bei anderen schwingt Skepsis mit. Der bereits zitierte Focus meinte auch: »Spannend bleibt, wie viel von seiner Offenheit und Ehrlichkeit sich Gauck im Amt bewahren wird. Dieses Anti-Politiker-Gebaren wird zum einen von ihm erwartet, zum anderen verstört er oft mit allzu unverblümten Aussagen – gerade in den letzten Monaten, als Gauck nicht mehr damit rechnete, je in Bellevue einzuziehen. Er, der Freiheitskämpfer, kritisierte die Aktivisten der Occupy-Bewegung. Als ›unsäglich albern‹ befand er ihren Protest gegen die Allmacht der Banken und prophezeite: ›Das wird schnell verebben.‹ Sätze, die in dieser Schärfe selbst bei einem wie

Deutsche-Bank-Chef Josef Ackermann aufmerken ließen. […] Zuwider sind ihm auch die gesellschaftlichen Visionen eines Oskar Lafontaine, tut sich Gauck doch schon mit den Ansichten des linken Flügels in der SPD so schwer. […] Wird der Theologe sich wandeln und einen präsidialen Stil zulegen?

›Ich würde in der Tradition all derjenigen Bundespräsidenten stehen, die sich gehütet haben, die Politik der Bundesregierungen zu zensieren‹, beschwichtige Gauck schon früher. Wie ein Kaiser wolle er nicht auftreten, nicht die letzte Instanz über allem sein. Gauck wird sich aber auch nicht neu erfinden für das neue Amt. Wie er seine Aufgabe versteht, ließ er am Sonntagabend durchblicken: als ›reisender Politiklehrer‹ – wie bisher.«

Nicht nur Tschiche zweifelt: Gauck sei nun endlich »dort angekommen, wo er schon immer hin wollte – im konservativen Teil der westlichen Gesellschaft«. Aber genau dieser Teil der Gesellschaft habe den Markt entfesselt. »Die Konservativen haben die Geister gerufen, die ganze Länder in die Pleite treiben.«

Die großbürgerliche, konservative *Frankfurter Allgemeine Zeitung* beschwichtigte und orakelte zugleich: »Langfristig bedeutsamer ist, dass die Nominierung Gaucks einen stillen Verfassungswandel anzeigen könnte. Wenn der Rostocker Pfarrer es will und kann, wird ihm keine der Parteien, die ihn jetzt auserkoren haben, eine zweite Amtszeit verweigern können: Seine Wiederwahl ist damit so gut wie sicher. Da das Publikum in Deutschland den Streit der Parteien nicht liebt, könnte der Präzedenzfall, dass ein Bundespräsident von vornherein ›im Konsens‹ gekürt wird – Theodor Heuss und Richard von Weizsäcker wurden erst bei ihrer Wiederwahl von einer breiten Mehrheit unterstützt –, durchaus Schule machen. Unter den Vorbehalten, die sich aus Alter, Gesundheit oder unvorhersehbaren Ereignissen ergeben, würde das dazu führen, dass Bundespräsidenten sich künftig auf zehn Jahre Amtszeit einstellen können.«

Die *Berliner Zeitung* stellte in ihrer Ausgabe am 21. Februar 2012 nicht nur wie die anderen Blätter Behauptungen auf, sondern auch Fragen: »Joachim Gaucks Leben ist von der Idee der Freiheit überwölbt. Aber viele fragen heute auch nach den Grenzen der Freiheit. […] Fünf Parteien haben sich auf ihn als Kandidaten geeinigt. […] Aber woher kommt diese Einigkeit zwischen den Parteien? Dass bei der Nominierung eine ganze Menge Gründe ausschlaggebend waren, die nichts mit ihm als Person zu tun haben, ist offensichtlich. Parteitaktik, Zeitdruck, Koalitionsarithmetik, Wahlstrategie mit Blick auf das Jahr 2013 – Gauck war in dieser Melange offenbar der einzig Mögliche. Doch dieses Parteigezänk sagt nichts über den Kandidaten. […]

Freiheit als etwas Absolutes. Gauck ist, wenn man so will, die lichte Seite des Kalten Krieges. […]

Joachim Gauck sagte kürzlich in einem Interview, er würde, spräche er über Freiheit zu einem Hartz IV-Empfänger, weniger philosophische Begriffe benutzen. Aber geht es darum? […] Viele fragen sich heute, über wessen Freiheit wir reden? Und wo die Grenzen der Freiheit sind? Da ist es gut, wenn einer, wie der neue Bundespräsident, die Freiheit so schwärmerisch verteidigen kann.«

Vater Gauck

Zwei Jahre lang ist Joachim Gauck durch Deutschland getingelt, um aus seinem Buch vorzulesen. „Winter im Sommer – Frühling im Herbst". In Fürth endet seine Lesereise, und er bekommt einen Vorgeschmack auf sein neues Amt. *Von Alard von Kittlitz*

Gottvater Gauck? Faksimile aus der Frankfurter Allgemeinen Sonntagszeitung *vom 26. Februar 2012*

Wo ist die »Freiheit« – könnten etwa Hartz IV-Bezieher fragen –, sich einen Job zu suchen und eine menschenwürdige Perspektive zu finden? Wo die »Freiheit«, ohne Existenzsorgen in die Zukunft zu blicken?

Der Kabarettist Volker Pispers wies auf die merkantilen Interessen und den merkwürdigen Freiheitsbegriff von Gauck bereits am 18. Oktober 2011, also lange vor dem aktuellen Medien-Hype, hin (*http://www.youtube.com/watch?v=uOzccptlnng&feature=player_embedded*): »Getreu dem Motto, dass in unseren Medien jedes Würstchen seinen Senf dazu geben darf, hat jetzt auch der ehemalige Bundespräsidentenkandidat Joachim Gauck zu den weltweiten Protesten gegen die Machenschaften der Banker und Spekulanten Stellung genommen.

Und wenn man so liest, was der Herr Pastor und zeitweilige Bundespräsident der Herzen als ausgewiesener Fachmann zu dem Wirtschaftssystem, das gerade vor unser aller Augen zusammenbricht, zu sagen hat, dann müssten SPD und Grüne heute eigentlich auf Knien dafür danken, dass die Linkspartei damals seine Wahl zum Bundespastor verhindert hat. Es erweist sich wieder mal, was zu viel Verehrung und Anbetung aus einem Pastor machen können.

Während Politiker aller Parteien und selbst Großanleger wie der amerikanische Börsenguru George Soros zumindest Verständnis für die Proteste heucheln, hält unser Gauckler vor dem Herrn den Traum von einer Welt, in der man sich der Bindung von Märkten entledigen könne, für eine romantische Vorstellung.

Mit Blick auf die Proteste gegen Stuttgart 21 warnt der Mann, der die DDR eigenhändig zur Strecke brachte, vor einer Protestkultur, die aufflammt, wenn es um den eigenen Vorgarten geht. Die deutsche Neigung zu Hysterie und Angst nennt er abscheulich.

Dass die übergroße Mehrheit der Deutschen erstaunliche Ruhe bewahrt, während die allwissenden Marktteilnehmer die Börsen in hysterische Wechselbäder tauchen – geschenkt. Dass die Menschen, die die Zeche für die hemmungslose Gier der modernen Raubritter in Nadelstreifen werden zahlen müssen, gar keine Vorgärten haben, um die sie Angst haben könnten – noch geschenkter. Was schert das alles einen Mann, der als Funktionär – egal, ob im Kirchen- oder Staatsdienst – wohl immer Zeit genug hatte, seinen Vorgarten tiptop in Ordnung zu halten?« Und Pispers zum Schluss: »Vom Kapitalismus profitierende Gestalten wie Joachim Gauck leben angstfrei in dem Wissen, dass sie weder in dieser noch in einer anderen Welt jemals für ihr Reden und Handeln zur Verantwortung gezogen werden.

Und das ist wirklich unsäglich, wenn nicht sogar abscheulich.«

Das stammt bereits aus dem Oktober 2011. Aber scheint aktueller denn je.

Wer ist Gauck?

Um den Schwadroneur zu charakterisieren, muss man nur einen Blick in die Presse und die Publikationen früherer Zeit werfen.

2010 fiel auf, dass die Flaggschiffe der Bundes-Zeitungsflotte gegenüber dem Verlierer Gauck den gleichen Kurs steuerten. In der *Welt* vom 4. Mai 2010 hatte Thomas Schmid (»Gauck ist der Richtige«) beschönigend wie erhellend geschrieben: »Joachim Gauck hat die DDR mit Anstand durchlebt, hat die Auseinandersetzung mit deren dunkler Stasi-Seite zu einem öffentlichen Thema im vereinten Deutschland gemacht und ist einer, der gerade wegen seiner Erfahrung der Unfreiheit die Freiheit als etwas Einzigartiges zu schätzen weiß. [...] Joachim Gauck ist ein guter und versöhnlicher Vorschlag der rot-grünen Opposition. Gut ist, dass Gauck nicht aus der rot-rot-grünen Küche kommt. Gut ist, dass sich mit diesem Kandidaten nicht nur Sozialdemokraten und Grüne, sondern auch christliche Demokraten und Konservative anfreunden können. Und gut ist auch, dass er wie kaum ein anderer im zwanzigsten Jahr der Einheit ein wirklich gesamtdeutscher Kandidat ist.

Er beherrscht die Kunst der öffentlichen Rede.

In einem elend parteilichen, das Bürgertum unterdrückenden Staat aufgewachsen, weiß er, was es heißt, alle zu repräsentieren: den Linken und den Rechten, den Reichen und den Armen, den Zuversichtlichen und den Besorgten. Er verkörpert – mit

Charme und Würde – die Erfahrung der Freiheit.« Die *Frankfurter Allgemeine Zeitung* nannte in ihrer Ausgabe vom 3. Mai 2010 Gauck »Selbstdenker aus Rostock« und wand ihm diesen Lorbeerkranz:

»Kurz vor seinem 70. Geburtstag im Januar dieses Jahres schrieb er seine Memoiren ›Winter im Sommer – Frühling im Herbst‹, so dass sich alle ein Bild davon machen können, wer dieser Joachim Gauck ist. Längst ist er nicht mehr nur ›Herr der Akten‹, sondern gehört wie der Philosoph Richard Schröder und der Mediziner Jens Reich zu denen, die wegen ihrer Herkunft aus einer Diktatur auf eine Weise über Freiheit zu denken und zu reden verstehen wie nur wenige, die in ihr aufwuchsen. Wenn Horst Köhler der Bundespräsident ist, der das Amt beschädigte, indem er zurücktrat, so war Gauck derjenige, der in einem vollkommen neuen Amt lernte und wuchs und immer scharfsinniger wurde.

Nun ist Gauck siebzig – und man erinnert sich seiner Stimme: Die SPD und die Grünen wollen, dass er Bundespräsident wird. Gauck ist unberechenbar, aber nicht in dem Sinn, dass er nicht verantwortungsbewusst und verlässlich wäre, sondern weil man nicht vorhersagen kann, wie er sich entscheidet. So überraschte er beispielsweise diejenigen, die ihn für ›links‹ hielten, vor etlichen Jahren damit, dass er sich für das Projekt einsetzte, der Vertreibung der Deutschen aus ihren alten Siedlungsgebieten im Osten angemessen zu gedenken.«

Gaucks Forderung nach den »alten Siedlungsgebieten im Osten« hatten andere glatt übersehen. Daniela Dahn vielleicht ausgenommen, die in der *Süddeutschen Zeitung* am 10. Juni 2010 auf die revanchistische, geschichtsrevisionistische, antikommunistische Attitüde aufmerksam machte. »Er sieht seine Kompetenz in der Geschichtsschreibung. Dort neigt er zu groben Rastern. In seinem 1998 erschienenen Nachwort zur deutschen Ausgabe des ›Schwarzbuch des Kommunismus‹ wird das ganze Sündenre-

Titel des stern *vom 23. Februar 2012*

gister aufgelistet: ›Unbeliebt machten sich die Kommunisten auch, als sie Stalins Territorialforderungen nachgaben, die Westverschiebung Polens und damit den Verlust der deutschen Ostgebiete guthießen.‹

Unerwähnt bleibt, dass auch die Westalliierten die Abtretung der Ostgebiete und die Ausweisung der Deutschen als unausweichliche Konsequenz des Krieges betrachteten.

Gauck legt noch eins drauf: ›Einheimischen wie Vertriebenen galt der Verlust der Heimat als grobes Unrecht, das die Kommunisten noch zementierten, als sie 1950 die Oder-Neiße-Grenze als neue deutsch-polnische Staatsgrenze anerkannten.‹«

Halten zu Gnaden: Die geschmähte Anerkennung der Oder-Neiße-Grenze durch die DDR (»die Kommunisten«) als rechtmäßiger Staatsgrenze wurde im Zwei-plus-Vier-Vertrag vom September 1990 bekräftigt und im Grenzvertrag zwischen der BRD und Polen am 14. November 1990 völkerrechtlich fixiert. Durch diesen am 16. Januar 1992 in Kraft getretenen Vertrag gab die Bundesrepublik Deutschland alle Ansprüche auf die Ostgebiete des Deutschen Reiches auf, die östlich dieser Linie lagen und seitdem auch völkerrechtlich zu Polen gehören.

Entweder hat der Mann auch von Geschichte keine Ahnung, oder er ignoriert bewusst international gültiges Recht. Wahrlich beste Voraussetzungen, um Staatsoberhaupt zu werden und das Land im Ausland zu vertreten.

Der *Berliner Zeitung* wurde schon 2010 bewusst, dass Gauck eigentlich viel mehr ein Mann des bürgerlichen als des »linken« Lagers war (glaubt denn wirklich jemand, es gäbe im Bundestag ein »linkes

Lager«?). Aber mal angenommen, es existierten tatsächlich ideologische Unterschiede zwischen Konservativen, Liberalen, Sozialdemokraten und Grünen, also all jenen, die sich in der neuen Mitte drängeln: Dann findet man gewisse Nuancierungen im Urteil über den predigenden Präsidentenkandidaten: »Gauck sagt natürlich nichts zur Sache, der frühere DDR-Bürgerrechtler und heutige bekennende ›linke konservative Liberale‹ ist parteilos, kein Politiker, aber mitnichten ein unerfahrener politischer ›Seiteneinsteiger‹, der zum falschen Zeitpunkt öffentlich vor sich hin redet.

Nach der Vereinigung, in seinem früheren Amt, hat der 1940 in Rostock geborene Kapitänssohn, Pfarrer und DDR-Bürgerrechtler Gauck gelernt, sich in der westdeutschen Parteienlandschaft zu bewegen«, anerkennt die *Berliner Zeitung* in westdeutscher Hand. »Helmut Kohl erwirkte ein Urteil gegen den Zugang zu seinen Stasi-Akten, die SPD schäumte, wenn Gauck ihr Blauäugigkeit bei ihrer Ostpolitik vorwarf: Beim ›Wandel durch Annäherung‹ sei ihr zu oft entfallen, dass Honeckers Staat eine Diktatur war«, urteilt das Blatt unter Verweigerung des eigentlich notwendigen Hinweises, dass mit Aussagen wie diesen Gauck seine Politikunfähigkeit unter Beweis stellt und überdies die damit zwangsläufig verbundene Frage: Was wäre die Alternative gewesen? unbeantwortet lässt. Daherschwätzen kann jeder.

Und darum plätschert auch die *Berliner Zeitung* weiter in Gaucks seichten Gewässern: »Geht es um die ›Kraft des Wortes‹, das als wesentliches Handwerkszeug eines Präsidenten beschrieben wird, so dürfte Gauck der überzeugendere Kandidat sein.

Er ist Zählkandidat, doch er kann den Deutschen authentisch erzählen, warum er die Vorzüge der Demokratie schätzt, die er erst seit 1990 kennt: Erzählen von seinem 1951 von den Sowjets nach Sibirien verschleppten Vater, von seinen wegen der unerträglichen DDR-Verhältnisse in den Westen ausgereisten Söhnen. Ihm glauben die Leute, dass er sich ›täglich freut, dass er in Freiheit leben darf‹.«

Gaucks Vater, so stand es am 21. Februar 2012 in der *Frankfurter Allgemeinen Zeitung*, »war Kapitän, geriet in englische Kriegsgefangenschaft, war dann Hafenarbeiter und wurde 1951 unter fadenscheinigen Gründen verhaftet und zu zweimal 25 Jahren Zwangsarbeit in Sibirien verurteilt. 1955 wurde er begnadigt.« Nun kann man den verständlichen Unmut über dieses Urteil und dessen Höhe teilen, doch hätte sich diese vermeintlich himmelschreiende Ungerechtigkeit gewiss durch Belege völliger Unschuld noch ein wenig potenzieren lassen. So es sie denn gegeben hätte. Oder ist da jemand der Auffassung, dass der Bundesbeauftragte für die Stasi-Unlagen diesbezüglich keinen Nachforschungen in Rostock, Berlin und Moskau hat anstellen lassen? Wäre die Suche erfolgreich gewesen: Wir hätten davon ganz gewiss schon durch seinen Mund erfahren.

»Erstunterzeichner« in Prag

Gauck hat wiederholt ungefragt bekundet, dass er ein konsequenter Antikommunist sei. Sollte er davon jemals abrücken – als Präsident aller Deutschen –, kann man ihn hilfsweise an seine Reise nach Prag im Februar 2010 erinnern. Dort trafen sich die strammsten Antikommunisten vieler Länder und verfassten ein Manifest. Gauck stellte wohl nicht grundlos heraus, dass er zu den Erstunterzeichnern gehört. Noch nie wurde das Papier in deutscher Sprache veröffentlicht. Wer es nachfolgend liest, wird zugeben, dass es höchste Zeit wurde

»Wir, Teilnehmer der internationalen Konferenz ›Verbrechen der kommunistischen Regime‹, die vom 24. bis 26. Februar 2010 in Prag stattfand, erklären:

1. Kommunistische Regime begingen – und begehen in einigen Fällen immer noch – Verbrechen gegen die Menschheit in allen zentral- und osteuropäischen Ländern und in anderen Staaten, in denen der Kommunismus immer noch lebendig ist.

2. Verbrechen gegen die Menschheit unterliegen, nach internationalem Recht, keiner gesetzlichen Verjährungspflicht. Die Gerechtigkeit, die den kommunistischen Verbrechern in den letzten 20 Jahren widerfahren ist, ist jedoch höchst unbefriedigend.

3. Das Recht auf Gerechtigkeit darf Abermillionen Opfern des Kommunismus nicht verweigert werden.

4. Da Verbrechen gegen die Menschheit, die kommunistische Regime begehen, nicht unter die Gerichtsbarkeit bestehender internationaler Gerichte fallen, fordern wir die Einsetzung eines neuen internationalen Gerichts für kommunistischen Verbrechen mit Sitz in der EU. Kommunistische Verbrechen gegen die Menschheit müssen von diesem Gericht in ähnlicher Weise verurteilt und bestraft werden wie etwa die Nazi-Verbrechen vom Nürnberger Gericht oder die Verbrechen im ehemaligen Jugoslawien.

5. Kommunistische Verbrecher nicht zu bestrafen bedeutet, das Völkerrecht zu missachten und dadurch zu schwächen.

6. Als Akt der Wiedergutmachung und Entschädigung müssen europäische Länder Rechtsvorschriften zur Angleichung der Renten und Sozialleistungen der kommunistischen Verbrecher einführen. In ihrer Höhe müssen sie jenen ihrer Opfer gleichwertig oder geringer sein.

7. Da die Demokratie lernen muss, sich zu verteidigen, muss der Kommunismus in ähnlicher Weise verurteilt werden wie der Nazismus. Wir setzen die jeweiligen Verbrechen des Nazismus und des Kommunismus nicht gleich. Sie müssen aber studiert und nach ihren eigenen schrecklichen Verdiensten beurteilt werden. Kommunistische Ideologie und kommunistische Herrschaft stehen im Widerspruch zur Europäischen Menschenrechtskonvention und zur Charta der Grundrechte der EU. Ebenso wie wir gegen eine Relativierung der Nazi-Verbrechen sind, akzeptieren wir auch keine Relativierung der kommunistischen Verbrechen.

8. Wir rufen die EU-Mitgliedstaaten dazu auf, Kenntnis und Erziehung über die Verbrechen des Kommunismus zu vertiefen; wir erinnern sie an die Notwendigkeit, die Entschließung des Europäischen Parlaments vom 2. April 2009 ohne Verzögerung umzusetzen, um den 23. August als europaweiten Gedenktag für die Opfer aller totalitären und autoritären Regimes zu begehen.

9. Wir appellieren an die Europäische Kommission und an den Europäischen Rat für Justiz und Inneres, einen Rahmenbeschluss über ein europaweites Verbot der Rechtfertigung, Leugnung und Verniedlichung der kommunistischen Verbrechen anzunehmen.

10. Die Einrichtung einer Plattform für das Gedächtnis und das Gewissen Europas, wie sie vom Europäischen Parlament und dem EU-Rat 2009 unterstützt wurde, muss auf EU-Ebene vollendet werden. Einzelne Regierungen müssen ihrer Verpflichtung, an der Arbeit dieser Plattform teilzunehmen, nachkommen

11. Als Akt der Anerkennung der Opfer und des Respekts vor ihrem unermesslichen Leid, das ihnen auf dem halben Kontinent zugefügt wurde, muss Europa, dem Beispiel des Denkmals in Washington, D. C., USA, folgend, ein Denkmal für die Opfer des Weltkommunismus errichten.«

Übrigens: Der zweite Deutsche unter den Erstunterzeichnern war Christoph Schaefgen, jener Staatsanwalt, der 1990 nach Berlin geholt worden war, um die »Regierungskriminalität der DDR« zu untersuchen. Wie man sah: Gauck in bester Gesellschaft. Bliebe die Frage: Wie wird der Bundespräsident nun seinen Verpflichtungen als »Erstunterzeichner« nachkommen? Wird er statt des Berliner Schlosses und des Denkmals der Deutschen Einheit ein »Denkmal für die Opfer des Weltkommunismus« errichten lassen?

Sein antikommunistisches Engagement ist auch an der Mitwirkung am »Veldensteiner Kreis zur Geschichte und Gegenwart von Extremismus und Demokratie« erkennbar. Auf der Burg vor den Toren Nürnbergs, die von 1939 bis 1945 Hermann Göring gehörte, trifft sich seit 1990 zweimal im Jahr eine illustre Runde unter der Schirmherrschaft von Prof. Dr. Eckhard Jesse (TU Chemnitz), Prof. Dr. Uwe Backes (Hannah-Arendt-Institut für Totalitarismusforschung, Dresden) und Prof. Dr. Werner Müller (Universität Rostock). Referenten waren und sind neben Dr. Joachim Gauck Dr. Hubertus Knabe, Prof. Dr. Seebacher-Brandt, Günter Schabowski, Dr. Stefan Wolle und Prof. Dr. Ernst Nolte (das ist jener Historiker, der in den 80er Jahren die steile These aufstellte, der Überfall Hitlerdeutschlands auf die Sowjetunion sei ein Präventivkrieg gewesen und die Gulags in der Sowjetunion hätten die Vorlage für die Nazi-KZ geliefert). Zu den rechtslastigen Referenten gehören auch Prof. Dr. Stéphane Courtois, Mitherausgeber des »Schwarzbuch des Kommunismus – Unterdrückung, Verbrechen und Terror«, und Bernd Rabehl, der nationalistische und rechtsextreme Positionen vertritt und deshalb, Achtung, von NPD und DVU 2009 für die Bundespräsidentenwahl nominiert wurde. Zwar zog Rabehl die Zusage zur Kandidatur kurzfristig zurück, »aus gesundheitlichen Gründen«, wie Holger Apfel – damals Vize-Chef der

NPD, seit 2011 deren Bundesvorsitzender – im Internet erläuterte. Doch die Tatsache seiner Nominierung ist charakterisierend genug.

Kann Gauck was dafür? Nein, natürlich nicht. Aber die Gesellschaft, in der er da agiert, ist schon fragwürdig.

Die Suizid-Frage

Zum Porträt dieser Persönlichkeit gehört ein Lebenslauf. Geboren wurde Joachim Gauck am 24. Januar 1940 in Rostock. Er wollte nach eigenen Angaben Journalistik studieren, sei jedoch zum Germanistik-Studium nicht zugelassen worden, weil er nicht FDJ-Mitglied war.

Es lohnt wahrlich nicht, diese Angaben auf sachliche Richtigkeit zu untersuchen. Angela Merkel war nicht nur dabei, sie hatte im Jugendverband sogar eine Funktion. Beide können ja mal in einen Erfahrungsaustausch treten, inwieweit das Blauhemd nützlich oder unerheblich war für den weiteren Werdegang.

Faktum ist: Gauck konnte auch als Blauhemdverweigerer in der DDR studieren. Und zwar Theologie – sieben Jahre lang auf Staatskosten von 1958 bis 1965. Danach war er Pastor in Lüssow im Kreis Greifswald, nach 1971 in Rostock-Evershagen. Zudem war er als Kreis- und Stadtjugendpfarrer in Rostock tätig. Von 1982 bis 1990 war er zuständig für die Kirchentagsarbeit in Mecklenburg. Kirchentage waren ein, nun ja, gesellschaftliches Großereignis, kein konspiratives Treffen einiger Schäfchen. Das musste angemeldet und, damit die Sache sicher und geordnet ablief, mit den zuständigen Organen abgesprochen werden. Nun, wie das geschah und mit wem: Darüber hat der wortreiche Plauderer bislang kaum ein Wort verloren.

1989 gehörte er zu den Mitbegründern des *Neuen Forum*, Gauck wurde Vorsitzender der »Vereinigung gegen Vergessen – für Demokratie.« Er gehörte danach der Volkskammer an und wurde der erste »Bundesbeauftragte für die Unterlagen des Staatssicherheitsdienstes der ehemaligen Deutschen Demokratischen Republik« (BStU). In dieser Funktion verwaltete er nicht nur die Akten des aufgelösten Ministeriums, sondern entschied auch – fast selbstherrlich – über die Veröffentlichung von Akten. So warf ihm der *Spiegel* 17/1991) vor, die »Stasi«-Beschuldigungen des letzten DDR-Ministerpräsidenten Lothar de Maizière befördert zu haben: »Dass der Berliner Behördenleiter seinerzeit nachhalf, indem er ›gezielt Informationen streuen ließ‹, gilt zumindest konservativen Hardlinern als ausgemacht.«

Die *FAZ* betätigte sich seinerzeit als Prophet und sagte voraus: »Der Mecklenburger wird als einer der wenigen, die den gewaltfreien Umbruch bewerkstelligten, auch im vereinigten Vaterland ›eine zentrale Rolle spielen‹.« Es war keineswegs Hellseherei: Das Blatt hatte Gauck nur durchschaut und seine bemerkenswerte Anpassungsfähigkeit erkannt.

Dabei setzte die Zeitung bei ihrer Prognose keineswegs auf das Herrschaftswissen, das nunmehr dem Behördenchef dank der Akten zufloss. Zumal die Klügeren unter den tatsächlich Herrschenden die Grenze dieser Akten kannten. Diese wurde Mitte der 90er Jahre sichtbar, als die bundesdeutsche »Doping-Expertin« Brigitte Berendonk in einer Talkshow des Senders *Arte* den Fall einer angeblich gedopten minderjährigen französischen Ruderin so interpretierte, dass daran der Trainer Schuld trüge: Die Ruderer würden schließlich von Ex-DDR-Trainer Eberhard Mund trainiert. Gegen diese aberwitzige Unterstellung klagte sowohl der französische Ruderverband als auch Eberhard Mund. Die *Frankfurter Allgemeine Zeitung* befand nach dem ersten Verhandlungstag: »In Paris steht auch der DDR-Sport vor Gericht«, was ein wenig abwegig war. Vor dem französischen Gericht stand Brigitte Berendonk. Sie erntete Gelächter, als sie zum Beweis ihrer These eine aus der Gauck-Behörde stammende dreiseitige Akte präsentierte, in der behauptet wurde, Eberhard Mund sei vom MfS unter dem Decknamen »Eberhard« geführt worden. Sodann präsentierte ihr Verteidiger einen »Gutachter«, der versicherte, dass das MfS etwa 3.000 im Sport tätige Mitarbeiter beschäftigt habe.

Brigitte Berendonk wurde zu einer Geldstrafe von 20.000 Franc und der Zuständige des Senders, der den Beitrag verantwortete, zu 30.000 Franc Strafe verurteilt. Zudem erging die Auflage, dass folgende Mitteilung in drei großen französischen Zeitungen veröffentlicht werden musste: »Durch Gerichtsbeschluss sind Herr Jerome Clement und Frau Brigitte Berendonk zu Geldstrafen und zur Zahlung von Entschädigung wegen Diffamierung des Trainers der Nationalmannschaft Rudern, Herrn Mund und der F.F.S.A. (*Ruderverband – K. H.*) in der Fernsehsendung ›Was geht mich das an? Der Sport, eine Welt ohne Erbarmen‹ vom 12. Oktober 1995 verurteilt worden.«

In der Urteilsbegründung versicherte die Richterin, dass vor französischen Gerichten noch immer gewohntes Recht gelte. Danach hätte die Angeklagte außer der »Akte« dem Gericht denjenigen als Zeugen nennen müssen, der die Akte verfasst oder angelegt hatte, damit das Gericht den Autor durch Befragen nach dem Wert des Papiers hätte befragen können. Dazu gehörten Rückfragen, ob er zur Abfassung genötigt oder gedrängt worden sei, und wenn das der Fall gewesen sein sollte, von wem. Für das Gericht sei diese Akte jedenfalls ohne Effekt gewesen. Kurzum: Die von Joachim Gauck verwalteten und in der innenpolitischen Auseinandersetzung instrumentalisierten Hinterlassenschaften des MfS waren jenseits der Grenze keinen Pfifferling wert.

Diese Abschweifung war mir wichtig, weil Gauck auch in seinen Memoiren über den juristischen Wert der von ihm verwalteten Akten einige Worte verlor. Allerdings nicht in diesem kritische Sinne.

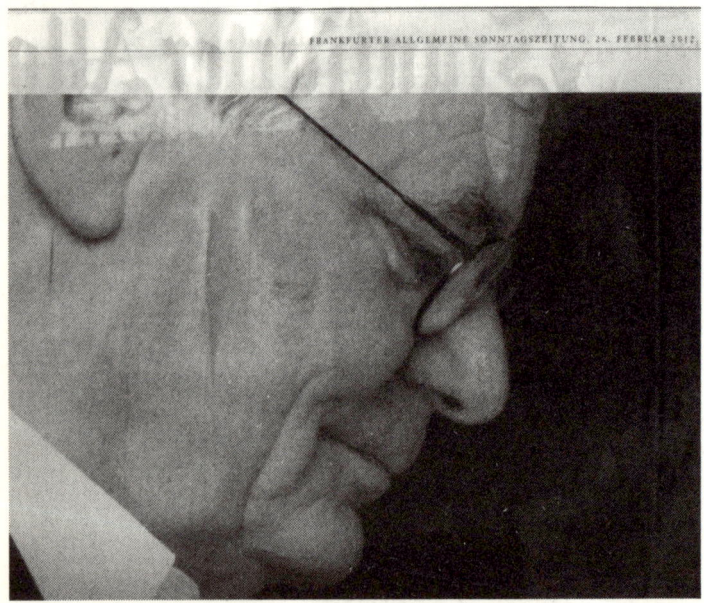

FRANKFURTER ALLGEMEINE SONNTAGSZEITUNG, 26. FEBRUAR 2012

Faksimile aus der Frankfurter Allgemeinen Sonntagszeitung *vom 26. Februar 2012*

Welche oft tragischen Folgen viele dieser Publikationen in der Vergangenheit nach sich zogen, ist – auch wenn man sich ständig bemüht, diese Tatsachen in Vergessenheit geraten zu lassen – hinlänglich bekannt. Die Zahl der Suizide im Osten stieg in den frühen 90er Jahren rapide an, weshalb die *Wochenpost* es für opportun hielt, dem gnadenlosen Ex-Pfarrer Joachim Gauck damals die Frage zu stellen: »Was denken Sie, wenn Sie von Selbstmorden ehemaliger IM hören?«

»Davon höre ich äußerst selten …«

Und bei jenen, von denen er gehört hatte?

»Ich war damals traurig über einen Selbstmord, und bin es heute genau so.«

Das mag man glauben oder nicht. Dass die von ihm »gestreuten« Akten manches Leben vorzeitig beendeten und von Kundigen, die sich mit der Zahl der Opfer befassten, diese zuweilen sogar mit der Zahl der »Mauertoten« verglichen wird, ist auch nicht in Vergessenheit geraten.

Die Gesellschaft zum Schutz von Bürgerrecht und Menschenwürde e. V. (GBM) hatte eine Ausgabe ihrer Zeitschrift *Icarus* (3-4, 2006) solchen Fällen gewidmet. Darin erinnerte sich auch der Jenaer Historiker Manfred Weißbecker eines Disputs mit einem westdeutschen Kollegen, der im Gauck-Büro angerufen und dort nach der Zahl der Suizid-Opfer gefragt hatte. Ihm war beschieden worden: »Darüber führen wir keine Statistik.«

Weißbecker hielt es deshalb für um so wichtiger, die Fakten nicht in Vergessenheit geraten zu lassen. »Ich erfuhr in Thüringen z. B. den Fall eines Jenaer Schuldirektors, der aus dem Unterricht geholt, mit dem berüchtigten IM-Vorwurf konfrontiert wurde und danach den Freitod suchte. Sein Name: Menger. Außerdem weiß ich, dass die Tochter meines früheren Lehrers in Erfurt Selbstmord beging.«

»Eine ganze Reihe von Beispielen tauchte in der Zeit der ›Wende‹ in den Medien auf oder spielte auch später in Buchpublikationen und persönlichen Gesprächen eine Rolle«, hieß es im *Icarus*. »Atti Griebel wies in einem Leserbrief auf den Poeten Hanns Cibulka hin, der zu den ›Wende‹-Opfern gehört (*Neues Deutschland* vom 4. November 2004).

Manfred Gebhardt, der frühere Chefredakteur des *Magazins*, veröffentlichte im Februarheft 1990 seiner Zeitschrift einen ausführlichen Beitrag über den verzweifelten Tod seines Freundes Herbert Heber, der den Druck und die Verleumdungen am Ende der DDR nicht mehr aushielt«, so das GBM-Magazin weiter. »Der Arbeitsmediziner und Vorsitzende der Fraktion Bündnis ’90/Die Grünen in der Bezirksverordnetenversammlung Berlin-Lichtenberg, Dr. Rudolf Mucke, sprang am 15. Januar 1995 von einer Eisenbahnbrücke zwischen Treptow und Neukölln in den Tod; er hatte weder der FDJ noch der SED angehört, das MfS hatte 1976 Werbungsversuche wegen ›dekonspirativen Verhaltens‹ aufgegeben; dennoch hielt die ›Ehrenkommission‹ seiner Arbeitsstelle, der Berliner Charitè, eine weitere Beschäftigung für ›unzumutbar‹; einen Abschiedsbrief hinterließ er nicht (vgl. *Berliner Zeitung* vom 17., 20. und 25./26. Februar 1995).

Der Bezirksapotheker von Berlin Dr. Aribert Brückner schied am 24. November 1991 aus dem Leben, weil er nicht die Kraft hatte, die ›Wende‹ zu überstehen«, hieß es weiter im Beitrag. »Der bekannte Arzt Prof. Dr. Eckard Ulrich aus Halle, dessen Grabrede Friedrich Schorlemmer hielt – mit der Forderung, endlich die Stasi-Akten ›in einem Freudenfeuer zu verbrennen‹,« wählte ebenfalls den Freitod.

Genaue Statistiken wird es nicht geben. In der Demokratie besteht daran kein politisches Interesse. Wer alle Freiheit der Welt hat, hat selbstredend auch diese, Hand an sich zu legen. Da muss man kein Wort verlieren.

Auch hinter manchem Unfall kann sich ein Selbstmord verbergen. Die Nachrichtenagentur AFP veröffentlichte die Information, dass sich 1990 in den neuen Bundesländern 4.294 Menschen selbst töteten; allein in Potsdam sei die Zahl der Selbstmorde von 126 (1989) auf 202 im Jahr 1990 angestiegen (*Berliner Zeitung* vom 18. Februar 1991). »Ob diese Zahlen vollständig sind, ist zu bezweifeln«, hieß es im *Icarus* 3-4, 2006.

Gauck verwies in seinen Memoiren darauf – und er dürfte seine Gründe für diesen Hinweis gehabt haben –, dass er nie in einer jener Kommissionen saß, die solche Entscheidungen trafen. Das taten andere, seine Hände blieben angeblich sauber. »Wenn belastende Materialien vorlagen, haben wir sie an die personalführenden Stellen geschickt; im Fall der Hochschullehrer gingen sie an die Kultusminister.

Da diese aber selten zur Beurteilung der Unterlagen imstande waren, haben die Universitäten Ehrenkommissionen geschaffen, die in schwierigen Fällen die betreffenden Akten einsehen und sich von Mitarbeitern der Behörde einzelne Zusammenhänge oder unbekannte Begrifflichkeiten erklären lassen konnten.

Zur Personalentscheidung selbst wurden wir nie herangezogen.

Insofern war es bösartig, wenn mich die PDS-nahe Presse wider besseren Wissens als Großinquisitor darstellte.«

Und dann ließ Gauck noch den Satz folgen, der die Realität gänzlich konterkarierte: »Dass es im öffentlichen Dienst eine Hatz oder eine Inquisition gegeben habe, widerspricht vollständig den Fakten.«

Kann ein Mann mit einer solch gestörten Wahrnehmung Staatsoberhaupt sein?

Das Gysi-Attentat

Selbst ein habilitierter Jurist hätte heute seine liebe Not, zum Beispiel Gaucks Grabenkrieg gegen Gregor Gysi zu rekonstruieren. Allein den Berg von Papier, der in Gaucks Büros dazu produziert wurde, zu durchforschen, würde eine neue Behörde erforderlich machen.

Die erste Überprüfung Gysis erfolgte noch zu Zeiten der DDR, als der Rechtsanwalt Abgeordneter der Volkskammer war. Dem negativen Bescheid folgten fünf weitere Auskünfte, die entweder von Gysi selbst, vom PDS-Parteivorstand oder dem Immunitätsausschuss des Deutschen Bundestages beantragt worden waren. Auch diese waren in dem Sinne negativ, als sie die von Gauck und anderen gewünschte Feststellung, Gysi sei ein verpflichteter IM des Ministeriums für Staatssicherheit gewesen, nicht erbrachten.

Die sechste Auskunft weist eine ungewöhnlich lange »Laufzeit« aus, denn sie erreichte den PDS-Vorsitzenden Lothar Bisky erst am 21. Oktober 1994. Das Wort »erst« ist deshalb zutreffend, weil bereits am 16. Oktober die siebte Auskunft ausgefertigt worden war.

Der Bescheid vom 21. Oktober 1994 enthielt, wie alle vorangegangenen Überprüfungen, keine Fakten und Beweise über eine behauptete inoffizielle Zusammenarbeit Gregor Gysis mit dem MfS.

Die siebte war von der Gauck-Behörde als »Spezialrecherche« angekündigt worden. Sie sollte Gregor

Gysi zu Fall bringen und war versiegelt im Mai 1995 dem Immunitätsausschuss in Bonn übergeben worden. Der das Siegel auf den Umschlag gesetzt hatte, dürfte gewusst haben, dass es nichts verbarg, was nicht längst landauf, landab bekannt war. Denn 24 Stunden zuvor war Gregor Gysi vom *Spiegel* interviewt worden. Dabei hatte Chefredakteur Stefan Aust bereits munter aus dem Gutachten zitiert.

Die versiegelte offizielle Post an den Bundestagsausschuss blieb ungeöffnet vier Tage in Bonn liegen. Der 25. Mai 1995 war der Himmelfahrtstag, am Donnerstag und Freitag war der Immunitätsausschuss nicht erreichbar.

Am Montag – also mit einem Rückstand von vier Tagen gegenüber dem *Spiegel* – wurde endlich auch Gregor Gysi das »Gutachten« ausgehändigt.

Es wurde festgelegt, dass Vertreter der Behörde am 22. Juni 1995 das Gutachten erläutern und Gregor Gysi Gelegenheit zur mündlichen Anhörung am 29. Juni erhalten sollte. Der Abschluss des »Verfahrens« war auf den Herbst terminiert.

Zufällig fand am 22. Oktober die Wahl des Berliner Abgeordnetenhauses statt.

Es gab Fragen über Fragen. Es hieß, Gysi werde klagen.

Gauck gab sich selbstsicher: »Ich sehe diesem Prozess gelassen entgegen.« Und trug in die Öffentlichkeit: »Wir hatten bereits vor Monaten Anlass, behördenintern einen Standpunkt zu erarbeiten, nachdem ehemalige Bürgerrechtler aus ihren Akten Belege dafür gefunden haben, dass eine Person, die im MfS unter dem Namen ›Notar‹ oder ›Gregor‹ geführt wurde, Informationen an die Staatssicherheit weiter-

gegeben hat. Diese Personen haben bei uns die Ent-
schlüsselung der Decknamen beantragt.«

Mit anderen Worten: Nicht er, Gauck, ist aus
eigenem Antrieb aktiv geworden, sondern namenlose
»Bürgerrechtler« hätten ihn mehr oder minder dazu
genötigt, Gysi an den Pranger zu stellen: »Wir hatten die uns von den Bürgerrechtlern vorlegten Dokumente zu würdigen, was wir zum Zeitpunkt der
ersten Auskunft an den Immunitätsausschuss des
Bundestages noch nicht tun konnten. In der Zwi-
schenzeit ist auch weiteres Material aufgefunden
worden, etwa das Arbeitsbuch eines MfS-Offiziers
oder Quittungen, die Zuwendungen belegen. All das
mussten wir zusammenbringen. Und dafür haben
wir uns Zeit genommen.«

Dann aber auch das Geständnis: »Im Verlauf der
Bearbeitung eines Berichts bleibt natürlich vieles
weg, manches wird knapper, manches wird deutlicher, es wird sicher auch manches eingefügt. Das ist
doch vollkommen normal. Die Öffentlichkeit hat
sich mit dem Endprodukt eines Gutachtens ausein-
anderzusetzen. Und wenn wir schon ans Erbsen-
zählen gehen sollen, dann sind wir auch in der Lage,
darauf hinzuweisen, dass auch solche Stellen wegge-
lassen wurden, die belastend für Gregor Gysi gewesen wären.«

Nun, auch Gaucks Nachfolgerin im Amte versuchte, was ihrem Vorgänger misslang: Gysi zur
Strecke zu bringen. Der Rechtsanwalt sitzt noch
immer im Bundestag. Er hat Untersuchungen,
Attacken und Aktuelle Stunden überstanden respek-
tive erfolgreich abgewehrt. Am 20. Mai 2008 hieß es
im *Spiegel*: »Die Stasi-Unterlagenbehörde (hat) die

neu aufgefundenen Unterlagen an den *Spiegel* herausgeben. Es handelt sich dabei um mehrere Seiten aus dem Jahr 1979, als Gysi Verteidiger Havemanns war.« Die Diktion, das nur nebenbei, offenbart, wer in diesem bizarren Verhältnis Ross, wer Reiter ist.

Und eine Woche später findet zum Thema Gysi und MfS im Deutschen Bundestag eine Aktuelle Stunde statt.

Abstrahiert von jener Jagd auf Gysi bestätigt sich, was Marian Krüger am 24. Februar 2012 über den designierten Bundespräsidenten Joachim Gauck im *neuen deutschland* schrieb: Er ist »wie kaum ein anderer Politiker Züchtung der Medien«. Ob damals als BStU-Chef oder als Bundespräsidentenkandidat 2010 oder 2012: Gauck wurde (und wird eine Zeitlang) gebraucht, und er lässt sich sehr gern gebrauchen, wenn es seiner Eitelkeit frommt.

Das aber lässt hoffen: Wenn er nicht mehr gebraucht wird, wird man uns auch von ihm wieder befreien. Nur wann wird das sein?

Attacke gegen den Kreuzfahrer Heym

Der Antifaschist und Schriftsteller Stefan Heym, als Helmut Flieg 1913 in Chemnitz geboren, kam – nach Exil, Dienst in der US-Army, journalistischer Tätigkeit in Westdeutschland – 1953 in die DDR. Dort hatte er im Laufe der Zeit einige Schwierigkeiten. Heym vertrat stets seine kritische Position vor den Thronen –, in der DDR wie auch in der BRD, nachdem sich diese den Osten untertan gemacht hatte.

Den »Beitritt« und die Operationen der Treuhand kritisierte er ohne Hemmungen. Im Herbst 1994 überraschte er die Öffentlichkeit mit der Ankündigung, sich als Kandidat der PDS um einen Bundestagssitz zu bewerben. Im Prenzlauer Berg trat er gegen den zweiten Mann der SPD, Wolfgang Thierse, an. Er gewann das Direktmandat mit 0,1 Prozent Vorsprung. Doch der ehemalige DDR-Dissident Heym, der sich – etwa im Unterschied zu Pfarrer Gauck – tatsächlich den Nachstellungen des Staates und seiner Sicherheitsorgane zu erwehren hatte, sah sich plötzlich auch den Denunziationen aus dem Hause Gauck gegenüber. Heym, der als Alterspräsident des Bundestages die Legislatur am 10. November 1994 eröffnen würde, sollte mundtot gemacht werden.

24 Stunden zuvor traf bei der Bundestagspräsidentin, Rita Süssmuth, folgender Brief ein: »In dem

Ermittlungsverfahren gegen die Verantwortlichen des Ministeriums für Staatssicherheit wegen des Verdachts der Freiheitsberaubung zum Nachteil von Heinz Brandt wurde bei der zuständigen Gauck-Behörde der hierzu vorliegende Operativ-Vorgang ›Rüssel‹ ausgewertet. Es wurde hierbei nach weiteren Verdachtsmomenten gegen den Tatverdächtigen Heinz Dürrbeck gesucht, der zwischenzeitlich aufgrund eines internationalen Haftbefehls in Bad Reichenhall festgenommen worden war und zur Zeit in der Untersuchungshaftanstalt Moabit einsitzt.

In dem Operativ-Vorgang ›Rüssel‹ wurde durch die auswertenden Beamten unter anderem ein Schreiben an den Oberstleutnant Heine, Leiter der Arbeitsgruppe Sicherung, vom Schriftsteller Stefan Heym aus dem Jahre 1958 gefunden, in dem er anbot, über seine Kontakte mit dem Gewerkschaftler Heinz Brandt dem Ministerium für Staatssicherheit berichten zu wollen.

Dieses Schriftstück wurde schlussgezeichnet mit den Worten ›Mit freundlichen Grüßen – Ihr ergebener Stefan Heym‹.«

Der »Akten-Lieferservice Gauck« hatte zur Zufriedenheit einen Eilauftrag ausgeführt.

Frau Süssmuth trommelte die Fraktionsvorsitzenden zusammen, rief die Gauck-Behörde und danach Stefan Heym an. Dieser Ablauf sollte in Erinnerung bleiben: Als erstes wurden die Fraktionsvorsitzenden eingeladen, dann mit Gauck – oder einem seiner Adjutanten – konferiert. Das Parlament war faktisch im wahrsten Sinne des Wortes »hörig«.

Die *Frankfurter Allgemeine Zeitung* darüber, was Rita Süssmuth mit Stefan Heym beredete: »Sie fragte ihn, ob er nicht auf seine Rede an diesem Donnerstag verzichten wolle. Heym lehnte ab.«

Niemand wird leugnen, dass das *timing* perfekt war. Es blieb gar keine Zeit mehr, den urplötzlich aufgetauchten Tatbestand zu prüfen, es blieb nur die Frage an Stefan Heym, ob er nicht besser schweigen wolle.

Heym hielt seine Rede, und wie sich zahlreiche Abgeordnete verhielten, beschrieb rückblickend der *Freitag* am 1. November 2009: »Am 10. November kommt es bei der Eröffnung des 13. Deutschen Bundestages zu einem bis dahin beispiellosen Affront. Als der Schriftsteller Stefan Heym – mit 81 Jahren der Alterspräsident des Parlaments – traditionsgemäß die Legislaturperiode eröffnet, spielt die Mehrheit der Abgeordneten toter Mann. Man straft den Redner mit missbilligender Missachtung, Ignoranz und empörtem Schweigen.«

Allerdings mochten inzwischen immer weniger in solchen Situationen an »Zufälle« glauben. Selbst der Vorsitzende des Immunitätsauschusses des Bundestages, Dieter Wiefelspütz, gab zu bedenken, dass sich die Briefschreiber über das »Stasi-Unterlagengesetz hinweggesetzt hätten«.

Nun sah sogar Joachim Gauck Gefahr im Verzug und beeilte sich, durch seinen Direktor Hans-Jörg Geiger versichern zu lassen, dass in diesem schwerwiegenden Fall gegen das Gesetz verstoßen worden sei, verstoßen werden musste.

Dennoch blieb allen unklar, wie die Affäre termingerecht aufgekocht werden konnte. Die offiziell verbreitete Version lautete: Die Zentrale Ermittlungsgruppe Regierungs- und Vereinigungskriminalität (ZERV) habe die Gauck-Behörde um Akten gebeten, die die Entführung des Gewerkschaftsfunktionärs Heinz Brandt von Westberlin nach Ostberlin 1961 aufhellen sollten. Am 4. November habe die Behörde Ablichtungen der Akten an die Berliner Polizei übermittelt, die diese auswerten sollte. Ein Polizeibeamter habe festgestellt – so die offizielle »Erklärung« –, dass die Ablichtungen unvollständig waren, weshalb er sich nach den fehlenden Kopien erkundigte. Die seien dann am 8. November der zuständigen Staatsanwaltschaft übergeben worden, und dann sei ein Auswerter auf die Stefan Heym tangierende Akte gestoßen.

Es muss ein Beamter gewesen sein, den gerade Langeweile plagte und der obendrein sehr gezielt forschte, denn er machte die aufsehenerregende Entdeckung noch am selben Vormittag und alarmierte sogleich den Polizeipräsidenten Hagen Saberschinsky. Der saß – eine andere Deutung ist nicht möglich – zufällig beschäftigungslos in seinem Büro, nahm die Information entgegen und mobilisierte bereits um 13.30 Uhr Innensenator Dieter Heckelmann (CDU).

Der erreichte sogleich Innenminister Kanther, und der konnte den Brief am nächsten Tag Frau Süssmuth präsentieren. Damit waren alle Voraussetzungen dafür geschaffen, Stefan Heym an seiner Rede zu hindern, zumal auch die Medien auf dem gleichen Expressweg informiert worden waren.

Der einzige, der sich nicht schockieren ließ, war Stefan Heym.

Ganz am Rande: Der in Moabit inhaftierte Dürrbeck – nach der verbreiteten Version die Person, deretwegen die ganze Aktion gestartet worden war – wurde am Freitag, also am Tag nach Heyms Rede, entlassen, weil – so (*ddp/ADN*) – davon »auszugehen sei, dass ein dringender Tatverdacht in dieser Sache nicht mehr vorliege«.

Am 2. Dezember 1994 erstattete Stefan Heym Anzeige gegen Bundesinnenminister Manfred Kanther, den Berliner Senator Dieter Heckelmann und den Chef der ZERV, Klaus Kittlaus, weil alle drei verdächtig seien, gegen das Stasi-Unterlagengesetz verstoßen und Akten verfälschend weitergegeben zu haben.

Vier Monate gingen ins Land. Dann teilte der Berliner Justizpressesprecher Frank Thiel mit, ein Verfahren gegen Kanther sei nicht möglich, weil er als Bundestagsabgeordneter Immunität genieße.

Ein ziemlich absurdes Argument, denn in solchen Fällen pflegt man den Immunitätsausschuss von dem Sachverhalt in Kenntnis zu setzen und die Aufhebung der Immunität zu beantragen. (Wie wir inzwischen wissen, schützt diese Immunität nicht einmal Bundespräsidenten.)

Vierzig Tage später erschien ein anderer Justizsprecher auf der Bühne und teilte mit, man habe sich nunmehr entschlossen, die Vorwürfe doch zu prüfen.

Mitte Januar 1996 wurde mitgeteilt, dass die Ermittlungen eingestellt worden seien. »Beweiskräftige Anhaltspunkte«, dass einer der Beschuldigten Kopien des Briefes an Frau Süssmuth an die Presse weitergegeben habe, hätten sich nicht ergeben. Die betreffenden Journalisten beriefen sich auf ihr Zeugnisverweigerungsrecht. Der Justizsprecher fügte hinzu, dass auch der Tatbestand der Verleumdung nicht in Betracht komme, »da den Beschuldigten nicht nachzuweisen sei, dass sie behauptet hätten, Heym habe mit dem MfS zusammengearbeitet«.

Mir fiel der Titel des Heym-Buches »Kreuzfahrer von heute« ein …

Als Ordensmeister der Kreuzfahrer hatte in diesem Fall Gauck fungiert und eingeräumt, dass ein Gesetz missachtet worden war – woran er sich beim Schreiben seiner Memoiren nicht mehr erinnerte. Er hatte – laut Gesetz – die Akten so zu verwalten, dass sie nicht missbraucht werden konnten.

Außer der Erklärung seines damaligen Direktors Geiger aber hatte man nie eine Silbe von ihm gehört, welche Schritte er in diesem Fall eingeleitet hatte – obwohl es sich immerhin um den Ruf und das Ansehen des Alterspräsidenten des Deutschen Bundestages handelte.

Der »Großinquisitor«

Im *Kölner-Stadtanzeiger* vom 8. Februar 1995 hatte sich Gauck mokiert, man habe ihm »die böse Vokabel ›Großinquisitor‹ hinterhergerufen«. Darunter litt er auch noch, als er seine Erinnerungen formulierte.

Daran trug ich allein Schuld.

Im spotless-Band »Das Neufünfland-Pitaval« hatte ich eine Verbindung hergestellt zwischen Gauck und dem Pariser Advokaten Pitaval und dessen Schilderungen mittelalterlicher Hexenjägerei. Der Vorwortautor Friedrich Schiller hatte betont, dass die Verfasser, »wo es anging, dafür sorgten, die Zweifelhaftigkeit der Entscheidung, welche oft den Leser in Verlegenheit setzte, auch dem Leser mitzuteilen, indem sie für beide entgegengesetzte Parteien gleiche Sorgfalt und gleich große Kunst aufbieten«.

Nun, Gauck bot weder gleiche Sorgfalt für entgegensetzte Parteien noch große Kunst auf.

Die Funktion des »Großinquisitors« in den neuen Bundesländern, des Mannes, der wie Pitaval die Papiere des Teufels lieferte, konnte Gauck kaum leugnen.

Und dann war da noch ein Ereignis, das das Gauck-Bild trübt. Ich fuhr damals in meinem Buch fort: »Der Fernsehsender *ZDF* – so meldete die Bonner *Welt* am 23. April 1991 – verbreitete, ›Gauck habe die vom MfS über ihn angelegten Akten mehrfach und über längere Zeit ohne Beisein anderer Personen eingesehen‹. Es fanden sich dennoch hinterher Papiere, die belegen, dass der Inquisitor Kontakte mit jenem Amte gepflegt hatte, das nicht nur in den Neu-Fünf-Ländern, sondern vor allem in Bonn und seinen Medien gern mit dem Leibhaftigen verglichen wurde.

Am 19. September 1995 publizierte der *Tagesspiegel* den Artikel einer Regina Mönch über Gauck, und die kam auf die »böse Vokabel« zurück: »Angegriffen wird Gauck vor allem aus den Reihen der PDS. Auf dem letzten Parteitag wurde ein Büchlein vertrieben, in dem Gauck als Großinquisitor vorkommt. Zum Vergleich für Gaucks Rolle heute dient der Fall eines Pariser Advokaten aus dem 17. Jahrhundert, der durch üble Nachrede und Inquisition auf dem Scheiterhaufen endete, nicht ohne zuvor grausam gefoltert worden zu sein.

Ein Ex-Hauptmann von der Stasi brüstet sich im folgenden mit banalen Kenntnissen über den damaligen Pfarrer, und er bedauert, dass sie Leuten wie Gauck nicht auf die Sprünge gekommen sind.«

Dies war eine schlichte Lüge, die nur so zu erklären war, dass Regina Mönch das Taschenbuch nie gelesen hatte.

Denn wiedergegeben worden war in dem Buch eine »Stasi-Akte«, und zwar eine, die Gauck betraf. Schon 1991 hatte der Spiegel (17/1991) vermeldet: »Was seit Wochen blubbert und schwelt, erfährt am Mittwoch voriger Woche im *ZDF* ein Millionen-Publikum. Der Leiter von ›Studio 1‹, Bodo H. Hauser, meldet ›schwere Zweifel‹, dass der ›Herr der Stasi-Akten‹ integer genug ist.

Als Kernstück eines Potpourris, in dem der schneidige Kommentarton Skandalöses unterstellt, wirft der Magazinmacher dem Behördenchef vor, seine persönlichen Unterlagen im Rostocker Stasi-Bezirksarchiv stundenlang allein eingesehen zu haben. Dass er Grund genug zur Diskretion gehabt haben könnte, schwingt dabei mit: Schließlich sei Gauck als Organisator des DDR-Kirchentages 1988 für den ›störungsfreien Ablauf‹ von der Staatssicherheit höchstselbst belobigt worden.

Der Angeklagte bemüht sich um Gelassenheit. Seine Auffassung, die einzelnen Fallgeschichten möglichst unaufgeregt zu erörtern, soll jetzt auch für ihn selber gelten. ›Ich bin nie IM gewesen‹, sagt er milde und lächelt dabei.«

Der *Spiegel* hatte es damals nicht dabei belassen, sondern konstatiert: »So hängt ihm denn nun vor allem die Dummheit an, die Dokumente letzten Sommer ohne Begleitung geprüft zu haben. Sich dafür zu rechtfertigen, fällt ihm sichtlich schwer, und der *FAZ* scheint das zu reichen, ihr Gauck-Bild umzumalen.«

Klartext: Joachim Gauck hatte sich im Sommer 1990 – also noch vor dem »Beitritt« – in die Räumlichkeiten begeben, in denen das MfS die Akten aufbewahrte, hatte dort mutterseelenallein in den Akten gewühlt – einleuchtend, dass er vor allem seine in den Händen hatte –, und niemand weiß, ob er sie am Ort beließ oder mitnahm.

In dem schon zitierten *Wochenpost*-Interview war Gauck gefragt worden: »Warum spielen Sie Ihre eigene Stasi-Affäre runter?«

Er hatte darauf geantwortet: »Ich hatte keine. Ich habe eine Stasi-Akte, einen operativen Vorgang, das ist eine klassische Opferakte.«

Doch Gauck konnte sich nie völlig von dem Verdacht befreien, belastendes Papier beiseite geschafft zu haben. Wieder und wieder wurde die Frage in den Medien gestellt und erörtert.

Im November 1995 war das Thema neuerlich in die Schlagzeilen geraten und wurde auf allen Fernsehkanälen diskutiert. Einer der renommiertesten deutschen TV-Rezensenten, Peter Hoff, machte sich die Mühe, verschiedene Sendungen zu verfolgen, und schrieb auf, was er ermittelt hatte. »Dieser Mann lässt frösteln. Ich bin wahrlich kein Sensibelchen, das verbietet mein Beruf«, schrieb der Publizist am 10. November im *Neuen Deutschland*. »Bei Joachim Gauck versagte meine Kaltblütigkeit. Am Montag (*am 6. November 1995 – K. H.*) saß er in der Runde um Lea Rosh beim ›Talk vor Mitternacht‹ (*NDR*), am Dienstag war er Hauptperson bei ›Gespannt auf ...‹ (*WDR*).

Es ist die schreckliche Selbstgerechtigkeit, die Gauck ausstrahlt, die das Gefühl der Kälte erzeugt, das mich früher auch bei seltenen Begegnungen mit den Teilhabern der Macht in der DDR beschlich, mit Schabowski beispielsweise. Eine Haltung, die dem Selbstzweifel nicht den geringsten Raum lässt und zu in jedem Fall definitiven Aussagen und Urteilssprüchen führt.

Joachim Gauck und ich gehören annähernd derselben Generation an, ich könnte mir vorstellen, dass wir denselben Zweifeln ausgesetzt waren. Einige Episoden unserer Biografien dürften einander gleichen. Auch ich bin evangelisch getauft, habe mich, obgleich dies nicht opportun war, konfirmieren lassen und suchte in den 50er und frühen 60er Jahren in der Jungen Gemeinde Zuflucht, weil mir die Oberschule wie die FDJ keine Antwort auf meine Fragen nach den Widersprüchen in der DDR-Gesellschaft nach Stalin geben konnten. Ich habe lernen müssen, mit meinem Lebenslauf in seiner Widersprüchlichkeit zu leben, ob mir das angenehm ist oder nicht«, so Hoff.

Er ist das Volk

Jetzt also doch: JOACHIM GAUCK. Ein wortgewaltiger Prediger für Freiheit und Demokratie zieht ein ins Schloss Bellevue. Der späte Höhepunkt im Leben eines ewig Unangepassten

Schlicht und erhellend: stern *vom 23. Februar 2012*

Gauck habe seiner Biographie den entscheidenden Schliff gegeben, die sie nun von der seiner Generationsgenossen unterscheide. »Will man ihm glauben, so hat er nie unsere Zweifel gehabt, war er nie auch nur in Versuchung geraten, den Sozialismus als gesellschaftliche Alternative zu akzeptieren. Man könnte dem beurlaubten Pfarrer vorhalten, dass sich Festigkeit im Glauben erst in der Anfechtung erweist. Aber es ist fraglich, ob ihn ein solcher Vorwurf noch träfe. Gauck hat in seiner Biografie geschwärzt, was nicht für die Öffentlichkeit bestimmt ist.«

Hatte Hoff dafür Beweise, oder klopfte er, wie es in dieser Zunft üblich, nur auf den Busch?

»Ein Beispiel: Am 17. April 1991 war ein Beitrag der *ZDF*-Sendung ›Studio 1‹ einer unbewiesenen Behauptung seitens der *SUPERillu* gewidmet, Joachim Gauck sei Stasi-Spitzel gewesen. Bei dieser Gelegenheit bestätigte der Rostocker Pastor im Interview, ein Hauptmann des MfS habe ihm nach dem Kirchentag 1988, ›seinen Dank‹ ausgesprochen für die reibungslose Durchführung dieser Veranstaltung.

Im gleichen Beitrag spielte auch die MfS-Akte ›Rostock/I 533/83/‹ eine Rolle. Darin, so wurde im Beitrag dargelegt, bescheinigt ein MfS-Hauptmann dem Pastor, nach der erlaubten Ausreise seiner Söhne in den Westen und einer ihm genehmigten Westreise sei von Gauck ›kein Konfrontationskurs mit dem Staat mehr zu erwarten‹. Ralf Merkel, Abteilungsleiter im Komitee zur Auflösung des MfS/AfNS, erklärte in der Sendung: ›Am 2. August 1990 erschien Gauck im Archiv in Rostock. Es wurde die Bereitstellung seiner Unterlagen verlangt. […] Bei der Durchsicht seiner Akten war keine weitere Person zugegen.‹ In der *WDR*-Sendung behauptete Gauck ohne Zögern, es seien seinerzeit ›viele Leute‹ dabei gewesen, als er für wenige Minuten in seine Akte Einsicht nahm.

Dem widerspricht nicht allein das Statement von Ralf Merkel, der eindeutig sagte: ›Herr Gauck hat sich mehrere Stunden allein im Archiv aufgehalten‹ und sei hinterher nicht untersucht worden; auch ein Aktenvermerk, in der gleichen *ZDF*-Sendung zitiert, besagt, es sei am 2. August ›keine Person anwesend‹ gewesen.«

Nun kann natürlich jeder alles behaupten, und vielleicht hatte Stasi-Auflöser Merkel auch ein persönliches Interesse, Gauck eins auszuwischen. Doch nein, Gauck trat als Belastungszeuge gegen sich selbst auf: Im Mai 1991 bestätigte er auf einer Pressekonferenz im IPZ Berlin den Vorgang. Peter Hoff: »Woran sich Gauck heute nicht mehr erinnern kann, wusste er damals (*in der ZDF-Sendung* ›Studio 1‹ – *K. H.*) noch genau, nämlich ›dass ich die Akten in einem auch den anderen Archivmitarbeitern zugänglichen Raum allein eingesehen habe‹ und fand dies ›nicht ungewöhnlich‹. Peter-Michael Diestel, damals Innenminister der Regierung de Maizière, nannte Gaucks Handeln ›eindeutig illegal‹ und ›rechtswidrig‹.«

Der Fernsehpublizist Peter Hoff kommentierte den Vorgang so: »Lüge, Verdrängung – oder Arroganz der Macht, die auf die Vergesslichkeit der Zeitgenossen baut und sich damit das Recht herausnimmt, die Geschichte und darin auch die eigene Biografie gemäß den aktuellen Opportunitäten zu ›korrigieren‹? – Menschliche Schicksale scheinen Joachim Gauck nicht zu interessieren«, meinte Hoff 1995.

»In beiden aktuellen Sendungen zeigte sich Joachim Gauck, um keine Antwort verlegen und den geborenen Demokraten herausstellend, als ein Mensch, dem die wichtigsten Tugenden eines Christen abgehen: Gnade und Barmherzigkeit. Und vielleicht neben der Liebe zu anderen Menschen auch die Liebe zur Wahrheit.«

Man vergesse nicht: Gauck selbst hatte zugegeben, dass er die Akten »allein« eingesehen habe.

Dass der Raum auch für andere zugänglich war – albern. Auch die Toiletten waren »den anderen Archivmitarbeitern zugänglich«.

Die Akte des Präsidenten-Kandidaten

Dabei war das Rätsel längst gelöst, ob da eine Akte existierte – eine »Opferakte«, wie Gauck behauptete. Es gab eine! Die *Welt* hatte sie am 23. April 1991 veröffentlicht und ich diesen bis dahin von niemandem zitierten Nachdruck sowohl in meinem Buch »Neufünfland-Pitaval« (1993) als auch in »Der Fall Gauck« (1996) veröffentlicht. Der sonst oft und gern Rechtsanwälte bemühende Bundesbeauftragte hatte weder den Abdruck in der *Welt* noch in beiden spotless-Büchern moniert oder gar Rechtsmittel eingelegt.

Ich hatte im »Fall Gauck« die Akte um sich mir aufdrängende Fragen – 66 an der Zahl – ergänzt. Nun, da er als Bundespräsident fungieren wird, könnten noch einige weitere hinzukommen.

Und um Fehldeutungen vorzubeugen: Es geht mir nicht darum, ob Gauck mit dem Ministerium für Staatssicherheit der DDR zusammengearbeitet hat oder nicht, sondern um seine persönliche »Wende« in dieser Angelegenheit, die auf seinen Charakter schließen lässt. Der Charakter des ersten Mannes im Staate verdient öffentliche Beachtung.

Als er das erste Mal für das Amt des Bundespräsidenten kandidierte, 2010, hatte er auf einer Pressekonferenz eine Rede gehalten und gesagt: »Als ich geboren wurde, war Krieg, und es herrschte eine finstere braune Diktatur. Und danach, Zeit meiner

Jugend und des Erwachsenenalters, da herrschte eine auch finstere, aber wieder andere Diktatur.«

Die Akte offenbart, wie er – zumindest zeitweise – mit der von ihm als Diktatur deklarierten DDR verhandelte, wogegen gar nichts einzuwenden ist, würde er heute nicht so tun, als wäre er seit Kindestagen ein überzeugter Gegner der DDR gewesen!

Noch einmal: Nicht er als oberster »Stasi«-Aktenverwalter hat seine Akte der Öffentlichkeit präsentiert, sondern die *Welt*, und zwar am 23. April 1991, möglicherweise aus Furcht, dass ihr beim stressigen Run auf Stasi-Akten jemand zuvorkommen könnte.

»Der Sonderbeauftragte für die personenbezogenen Akten des MfS, Joachim Gauck, ist in die öffentliche Diskussion geraten. Die Hauptkritik richtet sich gegen die Tatsache, dass frühere MfS-Angehörige in der Behörde arbeiten und auch jetzt, wenn es um die Wertung von Akten geht, erneut ›Berichte‹ schreiben. So soll es bei der Beschuldigung gegen Lothar de Maizière gewesen sein.

Inzwischen wurde auch bekannt, dass das MfS Kontakt zu Gauck hatte. Zugleich meldete das *ZDF*, Gauck habe die vom MfS über ihn angelegten Akten mehrfach und über längere Zeit ohne Beisein anderer Personen eingesehen. Daraus war der Verdacht entstanden, Gauck könnte für seine jetzige Arbeit, so oder so, befangen sein. Der *Welt* liegt der Bericht über ein neunzig Minuten dauerndes Gespräch vor, das der MfS-Hauptmann Terpe am 28. Juli 1988 mit Gauck geführt hat. Beim MfS war Gauck der Deckname ›Larve‹ gegeben worden. Die *Welt* veröffentlicht diesen Bericht als Beitrag zur Diskussion; aus Gründen der Authentizität ohne Korrektur der orthografischen und Zeichensetzungsfehler.« Sodann gibt die Tageszeitung die erhellenden Ausführungen des MfS wieder. Ich kommentiere die Passagen.

»Am 28.07.1988 wurde mit Joachim GAUCK, Pastor der evangl.-luth. Landeskirche von 10.30 Uhr bis 12.00 Uhr eine Aussprache durch Gen. Hptm. Terpe durchgeführt. Diese Aussprache war am Abend vorher telefonisch mit Gauck vereinbart worden.«

Telefonisch vereinbart? Ein Anruf am Abend zuvor genügte? Kein Schlapphutmann, der ihn in einer Kirchennische um ein Gespräch gebeten hatte?

»Gauck empfing den Mitarbeiter an seiner Wohnungstür und geleitete ihn in sein Arbeitszimmer und bat ihn Platz zu nehmen. Im ersten Teil des Gespräches wurde durch den Mitarbeiter bezug genommen auf seine am Vortage, während der Terminvereinbarung am Telefon gezeigte ablehnende Haltung zur Wahrnehmung eines Gespräches mit einem Mitarbeiter des MfS.«

Also doch: Gauck hatte immerhin Unwillen bekundet. Aber: Was hatte ihn letztlich umgestimmt?

»Gauck begründete dies so, dass er persönlich eigene Erfahrungen gemacht hat mit Mitarbeitern des MfS, dass er die Methoden des MfS ablehnt, da eine Vielzahl von Personen aus seiner Gemeinde in den vergangenen Jahren ihm gegenüber offenbart haben, dass sie durch das MfS kontaktiert worden waren. Er persönlich findet es mehr nachteilig für den Ruf des MfS, dass Menschen durch die Kontaktierung durch das MfS seelisch belastet sind, gezwungen werden sollen zu anderen Personen Aussagen zu treffen, Spitzeldienste und Zuträgerdienste zu leisten und letzten Endes in Zwiespalt gegenüber ihrer persönlichen Auffassung geraten. Ihn selbst belastet dieser Zustand erheblich und er nutzt jede Gelegenheit, um diese Haltung auch öffentlich kund zu tun; dies brachte er auch in der Form dem Mitarbeiter gegenüber zum Ausdruck.

Durch den Mitarbeiter wurde G. erklärt, dass das MfS einen durch die Partei erteilten Auftrag hat und diesen Auftrag auch konsequent durchführen wird, um einen grundlegenden Beitrag zur weiteren Entwicklung des Sozialismus zu leisten. Dies wurde durch Gauck so zur Kenntnis genommen.«

Er hatte seine Antipathie gegenüber dem MfS in aller Offenheit kundgetan. Konnte man mit MfS-Offizieren so offen reden? Und dann hat er das »zur Kenntnis« genommen? Ohne Widerrede? Nein, nicht ganz!

»Gauck entgegnete darauf weiterhin, dass er glaubt, dass das MfS ein Staat im Staate sei und durch niemanden kontrolliert werde.

Ihm wurde daraufhin entgegnet, dass das MfS, wie schon gesagt, ein Organ der Partei ist und auch der Kontrolle der Partei unterliegt und keine eigenständige Politik im Staate zu machen habe.

Gauck wollte vom Mitarbeiter wissen, ob er Vorgesetzter oder Unterstellter eines Herrn Herzog war oder ist, der vor cirka zwei Jahren mit noch einem Genossen bei ihm zu Hause eine Aussprache durchgeführt hat.«

Also hatte schon einmal »eine Aussprache« bei Gauck stattgefunden. Wo war die Aktennotiz darüber? Denn dass es eine gab, steht außer Zweifel. Gauck bleibt darauf eine Antwort schuldig, wie auch auf die Frage, warum er deren Existenz nach 1990 nie erwähnte.

»G. wurde entgegnet, dass der Mitarbeiter nicht Unterstellter des Herrn Herzog ist.

Gauck brachte daraufhin zum Ausdruck, dass er sehr viel Wert darauf lege, jetzt schon von vorneherein zu erklären, dass er nicht gewillt ist, mit nicht kompetenten Mitarbeitern des MfS überhaupt Gespräche zu führen und er sich von vorneherein verbieten würde, mit einem kleinen Leutnant des MfS zu sprechen.«

Eine mehr als aufschlussreiche Passage: Gauck nahm sich schon damals sehr wichtig. Wer von denen, die von der »Stasi« Besuch bekamen, konnte es sich leisten, »kleine Leutnants« als Gesprächspartner abzulehnen? Oder sich die Gesprächspartner aussuchen?

»Er führte weiterhin aus, dass seiner Meinung nach, das MfS viel zu groß sei, er vertritt nach wie vor die Auffassung, dass dort mindestens 60 Prozent der Mitarbeiter entlassen werden müssten, da

1. in der Volkswirtschaft Arbeitskräfte gebraucht werden und

2. so ein aufgeblähter Apparat zu uneffektiv sei und letzten Endes darauf schließen lasse, dass das MfS durch diesen aufgeblähten Apparat uneffektiv arbeiten würde.

Er habe die Erfahrung gemacht, dass bedingt durch das seiner Meinung nach übertriebene Feindesuchen bei Mitarbeitern des MfS neurotische Züge im Laufe der Jahre bei vielen Mitarbeitern erkennen lasse. Dies äußert sich vor allem auch darin, dass man in allen Handlungen von Bürgern, die sich politisch selbständig betätigen wollen, Feindtätigkeit vermute und dass es dazu gekommen sei, und da trage das MfS auch eine entscheidende Schuld daran, dass der Bürger sich politisch unselbständig entwickelt habe und seine Zivilcourage unterentwickelt ist.

In diesem Zusammenhang nannte er in Vorbereitung des Kirchentages besondere Maßnahmen des MfS innerhalb des Personenkreises des Themenbereiches 2, die er als unangemessen und überspitzt einschätzte. Er bezog sich hierbei auf eine Reihe von Gesprächen mit Mitgliedern dieser Themengruppe, um sie zu Zuträger- und Spitzeldiensten zu veranlassen und schätzte auch die Übersiedlung der Personen Wilde, Cornelia und Hartmann, Torsten als eine Maßnahme ein, um die Wirksamkeit des Themenbereiches 2 einzuschätzen/einzuschränken.

In diesem Zusammenhang war bei G. zu bemerken, dass er trotz der angeführten Aktivitäten des MfS innerhalb des Themenbereiches 2 doch eingestand, dass die Arbeit innerhalb des Themenbereiches 2 mehr oder weniger doch zwar kontrolliert wurde, aber doch laufen gelassen wurde und letzten Endes auch im großen und ganzen störungsfrei realisiert wurde.«

Herr Gauck hatte also keinen Einwand, dass das MfS tätig war? War aber der Meinung, es sollte »effektiver« arbeiten!

Ob der Bundespräsident demnächst erläutern könnte, was er damals mit höherer Effektivität des MfS gemeint habe? Und was bewog ihn, dem MfS zu bescheinigen, dass die Maßnahmen des MfS rund um den Kirchentag »störungsfrei« verlaufen seien? Ob er heute wohl bereit wäre, dieses »störungsfrei« zu präzisieren?

»Gauck führte nur noch an, dass es für ihn unverständlich ist, dass so ein Mann wie Heike Lietz ständigen Repressalien und Gängeleien ausgesetzt ist. Er schätzt den Lietz als einen streitbaren, zwar sehr komplizierten Charakter ein, der jedoch letzten Endes nur positive Veränderungen innerhalb unserer Gesellschaft will.«

Was bewog Gauck dem MfS Personen zu benennen, die »letzten Endes nur positive Veränderungen innerhalb unserer Gesellschaft« wollen? War diese Gesellschaft nicht eine sozialistische? Und die wollte Gauck positiv verändern? Und damit ihre Anziehungskraft erhöhen?

»Insgesamt war Gauck der Meinung, dass der Kirchentag in Rostock eine gelungene Sache war und schätzt das Ergebnis auch als sehr wichtig ein, weil es inhaltlich Neuerungen gebracht hat, die sich deutlich positiv abheben zu den Kirchentagen in Görlitz, Erfurt und Halle. Als besonders hoch schätzte er den begonnenen und doch auf einem hohen Niveau geführten Dialog mit Wissenschaftlern des Bereichs Marxismus-Leninismus der Universität Rostock und der Universität Greifswald ein.

Er schätzte diese Maßnahme als einen echten Beitrag für den Beginn des Dialoges zwischen Marxisten und Christen ein und sieht hier sehr gute Bedingungen für die Weiterführung des Gespräches auf einer gemeinsamen Grundlage.«

Der Kirchentag eine gelungene Sache? Für wen gelungen? Für die DDR? Für die Kirche? Weil sie mit Marxisten diskutierte? Und damit eine »gemeinsame Grundlage schuf«? Wollte Gauck diese Gemeinsamkeit? Man hätte nichts dagegen. Aber wie konnte er sich dann zu den Erstunterzeichnern des Dokuments »Gegen den Kommunismus« gesellen?

»In diesem Zusammenhang bedauerte er es, dass es trotz der positiven Ansätze im Dialog zwischen Christen und Marxisten nicht gelungen ist, einen kompetenten staatlichen Vertreter in die öffentliche Diskussion einzubeziehen. Er bezog sich hier als Beispiel auf das Auftreten von Prof. Reinhold 1987 auf dem Kirchentag in der BRD und hatte die Absicht, einen ähnlich kompetenten Vertreter aus dem Zentralkomitee oder aus dem Staatssekretariat für Kirchenfragen zum Kirchentag in Rostock einzuladen und auch entsprechend auftreten zu lassen, um so auch die Dialogbereitschaft zwischen Christen, Marxisten und staatlichen Vertretern zu realisieren.«

Diese Verbesserungsvorschläge für Kirchentage richtete er an das MfS? Weil er am liebsten jemanden vom ZK der SED dabei haben wollte? Wer Gaucks Memoiren gelesen hat und danach noch mal diese Akte, dürfte arg verunsichert werden: Wie kam er, als rastloser Widerstandskämpfer, dazu, das Zentralkomitee der SED zum Kirchentag zu laden? Was, wenn Honecker angereist wäre? Herr Bundespräsident in spe, was war in Sie gefahren, als Sie diesen Vorschlag machten?

»Weiterhin sprach sich Gauck enttäuscht darüber aus, dass der Bundestagsabgeordnete Dr. Knabe die Genehmigung für die Einreise in die DDR zum Kirchentag in Rostock nicht erhalten hat. Er schätzt Dr. Knabe als einen Spezialisten auf dem Gebiet der Ökologie und des Umweltschutzes ein, insbesondere zu dem Spezialproblem Waldsterben und Walderhaltung. Er hat mit Dr. Knabe im Vorfeld schon des

Kirchentages schon Gespräche gehabt und war an für sich der festen Überzeugung, daß Dr. Knabe die Genehmigung für die Einreise erhalten würde. Er fragte den Mitarbeiter konkret, ob er ihm Gründe nennt, die die Einreise des Dr. Knabe verhindert haben.

Der Mitarbeiter entgegnete Gauck, dass ihm diese Gründe nicht bekannt sind, er aber vermute, dass es sich hierbei um eine politische zentrale Entscheidung handle.«

Zum Verständnis der Ausführungen: Wilhelm Knabe aus Arnsdorf bei Dresden hatte in den 50er Jahren an der Humboldt-Universität als Wissenschaftlicher Assistent gearbeitet, er ging vor dem Mauerbau in den Westen, blieb bis 1966 in der CDU (der er seit 1946 angehörte), war Ende der 70er Jahre unter den Mitbegründern der Grünen und saß für diese Partei von 1987 bis 1990 im Bundestag. »Dort gehörte er dem Innerdeutschen Ausschuss an und hatte wieder mit der DDR zu tun. Dabei suchte er auch intensiv den Kontakt zu regimeunabhängigen Umweltgruppen oder Friedensgruppen. Er schmuggelte sogar eine Druckmaschine zur Umwelt-Bibliothek im Bezirk Prenzlauer Berg, der Zentrale der Umweltgruppen in der DDR«, heißt es bei Wikipedia. Und nebenbei: Unter Knabes vier Kindern ist eines, das den Vornamen Hubertus trägt.

»Im weiteren Gespräch kam Gauck auf die Umgestaltungsprozesse in der Sowjetunion zu sprechen. Er äußerte hier die Erwartung, dass auch in der DDR kurzfristig solche Veränderungen in Gang gesetzt werden, die vor allen Dingen den Charakter der politischen Machtausübung verbessern, die die Pressefreiheit beinhalten, die vor allen Dingen die öffentliche Diskussion stärker befördert, die eine objektive Berichterstattung in den Massenmedien beinhalten und die vor allem gegen bürokratische Züge im Leitungs- und Verwaltungsapparat des Staates, wie auch im öffentlichen Leben, die für den Bürger sehr bedrückend sein können, beseitigen.

Gauck schätzte ein, dass, wenn Veränderungen in der DDR nicht kurzfristig realisiert werden, die DDR sich im sozialistischen Lager isolieren wird und die positiven Zielsetzungen, die die sozialistische Gesellschaft in der DDR hat, dadurch nicht erfüllt werden und letzten Endes die Erwartungshaltung der DDR-Bürger hinsichtlich der Erfüllung der Ziele der Wirtschafts- und Sozialpolitik in Gefahr geraten.«

Man hält die Luft an: Redet so ein antikommunistischer Widerstandskämpfer mit einem Feind?

Gauck erklärte in seinem Buch »Die Stasi-Akten« auf Seite 31 diese devote Haltung ganz allgemein: »Protokolle dieser Gespräche finden sich nun in den Akten, und es ist noch nicht einmal verwunderlich, wenn die Betroffenen gerade in diesen Gesprächen eher diplomatisch und kooperationsbereit als kritisch und oppositionell agierten«? Galt das auch für ihn? Was waren seine Motive, der DDR via MfS mitteilen zu lassen, dass Gorbatschow-Reformen fällig wären? Und wie stand Gauck denn damals zu den Zielen der Wirtschafts- und Sozialpolitik in der DDR? Und wie könnte ein Bundespräsident – würde er je danach gefragt – den Bürgern erklären, dass er einst der DDR empfohlen hatte, sich im »sozialistischen Lager« nicht zu isolieren?

»Er erachtete es aus dem Grunde als dringend notwendig, dass diese Veränderungen in der DDR erfolgen, da seiner Meinung nach die Gleichgültigkeit der DDR-Bürger gegenüber dem Volkseigentum, gegenüber gesellschaftlichen Grundwerten wie auch der Charakter der zwischenmenschlichen Beziehungen sich verschlechtert haben und er mit Wissen der Erlebnisse aus seinen bisherigen Reisen in die BRD die Erfahrung gemacht hat.«

Da stockt einem der Atem! Gauck sorgte sich noch 1988 um die Gleichgültigkeit der DDR-Bürger gegenüber dem »Volkseigentum«? Und dann auch noch Gleichgültigkeit gegenüber »gesellschaftlichen Grundwerten«! Würden Sie als Bundespräsident bei nächster Gelegenheit mal den Bürgern erklären, worin die »gesellschaftlichen Grundwerte« der DDR bestanden?

Sie erinnerten auch an Ihre Reisen in die Bundesrepublik. Waren Sie einer der Privilegierten, denen solche Reisen erlaubt und deren »Lebensräume« demzufolge nicht ganz so eingeengt waren? Und musste nicht das MfS solche Reisen genehmigen?

Gauck monierte im Weiteren, »dass ein Großteil der DDR-Bürger ein devisenorientiertes Konsumdenken besitzt, das schon seine ideologischen Spuren bei den Menschen bei uns hinterlassen hat. Er nannte auch die steigende Anzahl von Menschen, die aus der DDR wegwollen und die bereits ein Übersiedlungsersuchen gestellt haben beziehungsweise sich im Vorfeld eines Übersiedlungsersuchens befinden, als erschreckend und bedrohlich und bezeichnete als besonders tragisch, dass junge Angehörige der Intelligenz, besonders Ärzte, wie auch Jugendli-

che, die doch in der DDR politisch und fachlich aus-
gebildet und erzogen worden, sich letzten Endes sich
dafür entscheiden, ein Leben außerhalb der DDR zu
führen und somit seiner Meinung nach nur eine
Unterentwicklung im Punkt Heimatgefühl besitzen.«

Angesichts solcher Meinung droht es an Fragen zu
fehlen! Waren die die DDR verlassenden Ärzte nicht
in der BRD begrüßt worden? Und Gauck kritisierte
das »Konsumdenken« von DDR-Bürgern? Und nannte es »tragisch«, dass die Zahl der Ausreiseanträge zugenommen hat. Wenn Sie mangelndes »DDR-Heimat-
gefühl« beklagen, geraten Sie ernsthaft in Gefahr,
Zuneigung zu einer »finsteren Diktatur« zu wecken.

»Der Bewältigung der innenpolitischen Probleme
innerhalb der DDR. Der nur durch sofortigen Refor-
mprozess vergleichbar in etwa mit den in der Sowjetunion vor allen Dingen hinsichtlich des politischen
Überbaus Einhalt geboten werden kann, um so eine
echte innere Bindung der Menschen an die DDR
langfristig zu erzeugen.«

Ihnen, Herr Gauck, lag an »echter, innerer Bindung« zur DDR? Jener »finsteren Diktatur ohne
Lebensräume und Freiheit«?

»Weiterhin führte er aus, dass es ihn bedenklich
stimme, dass eine steigende Anzahl von jüngeren wie
auch etwas älteren Menschen nur in die SED gehen,
um Karriere zu machen, ohne eine politische Bindung an die Ziele und Aufgaben der Sozialistischen
Einheitspartei Deutschlands zu haben und letzten
Endes durch die Mitgliedschaft in der SED ein
größerer politischer Schaden zugeführt wird als wie
die Wahrnehmung der damit verbundenen Funk-
tionen erkennen lässt.

Er nannte hier als Beispiel vor allen Dingen den Drang von einer ganzen Reihe von Bürgern nur deswegen in die SED zu gehen, um eine bestimmte Funktion zu bekommen, Leiter zu werden und letzten Endes dann wenn sie die Leitungsfunktion haben sie auch nicht mit der entsprechenden Verantwortung wahrnehmen.«

Das soll der Mann gesagt haben, der inzwischen beklagt, dass nicht mehr SED-Funktionäre angeklagt und verurteilt wurden?

»Als Grundübel bei der Problematik der Übersiedlungsersuchenden nannte er die unausreichende Ursachenforschung und Beseitigung durch die Gesellschaft. Er betrachtete es als skandalös, dass vor allem auch in der Presse zu diesem Problem in keiner Weise Stellung genommen wird, obwohl dieses Problem DDR-weit existiert und deren Stellenwert in den letzten Jahren ständig gewachsen ist, und auch durch die verstärkten Übersiedlungen 1984 und 1985 sei kein Absinken der Tendenz der Übersiedlungsersuchenden entstanden, sondern die Anzahl der Übersiedlungsersuchenden hat ständig zugenommen und das ist für ihn ein Zeichen dafür, dass es noch ein großes Reservoir von Menschen gibt, die keine Bindung mehr an die DDR haben, die nur aus egoistischen beziehungsweise Existenzgründen in der DDR bleiben, die aber politisch und auch weltanschaulich mit der DDR beziehungsweise mit Teilbereichen der sozialistischen Gesellschaft gebrochen haben.

Gauck äußerte, dass er selbst in seiner Gemeinde dahingehend wirksam werden will, dass er die ihm dort bekannten Übersiedlungsersuchenden durch

Gespräche, mehrmalige Gespräche beeinflussen will, damit sie in der DDR bleiben.

Hierzu wurde Gauck vom Mitarbeiter gesagt, dass diese Aktivitäten von ihm einen echten positiven Beitrag innerhalb der Arbeit mit Übersiedlungsersuchenden darstellen, und wenn dann damit erreicht wird, dass ein Teil dieser Übersiedlungsersuchenden ihren Antrag zurückziehen, so sei damit viel erreicht.

Weiterhin wurde in diesem Zusammenhang Gauck gedankt für seine Initiativen für seine langfristige gute Zusammenarbeit und Durchführung des Kirchentages, ihm wurde auch gedankt für seinen hohen persönlichen Einsatz und dieser Dank wurde vom Mitarbeiter nicht nur aus persönlichen Gründen vorgebracht sondern ihm wurde auch deutlich zu verstehen gegeben, dass dieser Dank seitens des MfS an Gauck ergeht.«

Ließe sich das etwa als Missverständnis ausdeuten? Hatte Gauck dem MfS zu Protokoll gegeben, dass er als Pastor helfen wollte, Ausreisewillige zu bewegen, auf ihre Absichten zu verzichten? Und wie würde er Fragestellern das Wort »langfristig« deuten wollen? Hatte er also längere Zeit in einer Weise gewirkt, die ihm den Dank des MfS eingetragen hatte? Wer käme wodurch auf eine andere Erklärung?

»Gauck erklärte zu dem Ergebnis des Kirchentages, dass er einschätzt, dass der Kirchentag insgesamt störungsfrei verlaufen ist, dass es eine ganze Reihe von wichtigen Erkenntnissen gegeben hat, die vor allen Dingen geeignet sind eine weitere qualifizierte ideologische Positionsbestimmung der Kirche zu erlauben, die letzten Endes auch dazu geeignet sind, die Möglichkeiten und auch die Grenzen der weiteren kirchlichen Arbeit zu definieren und die auch eine Vielzahl von Betätigungsfeldern für den weiteren Dialog zwischen Staat und Kirche darstellen.«

»Störungsfrei«? Würden Sie, Herr Gauck, als Bundespräsident erklären können, was Sie damals als eine »Störung« des Kirchentages empfunden hätten?

»Er nannte hier insbesondere Fragen der Ökologie, wobei er selbst die Ökologie als eine ernstzunehmende Wissenschaft bezeichnete und bedauerte, dass das ökologische Denken bei den Bürgern noch zu unterentwickelt ist und es höchste Zeit wird, auch durch einen eigenen Beitrag die Probleme, die sich durch Vernachlässigung der Forderungen aus der Ökologie ergeben schnellstens zu lösen.

Durch den Mitarbeiter wurde Gauck gesagt, dass es hier auch Möglichkeiten gibt für Personen innerhalb der Kirche, wie auch außerhalb der Kirche einen konkreten Beitrag zur Ökologie zu leisten, ihm wurde zum Beispiel gesagt, dass der Stadtrat für Umweltschutz und Wasserwirtschaft, Peter Struck, ständig eine Vielzahl von Arbeitskräften auf freiwilliger Basis sucht, die beispielsweise Dünenbepflanzungen durchführen und die auch in kleinerem Rahmen Forstarbeiten durchführen.

Gauck entgegnete hierauf, dass es für ihn ein leichtes sei, bei Bedarf, in Koordinierung mit dem Rat der Stadt, solch einen Einsatz in Zusammenhang mit dem Rat der Stadt zu organisieren, um hier die benötigten Arbeitskräfte bereitzustellen.«

Knapp, aber unmissverständlich gefragt: Haben Sie, Herr Gauck, damals dem MfS zugesagt, Teilnehmer für Subbotniks anzuwerben?

»Als einen negativen Fakt vor und während des Kirchentages nannte Gauck die seiner Meinung nach administrative Art und Weise des Eingreifens staatlicher Organe in das termingerechte Erscheinen eini-

Traum erfüllt: Gauck, 72, wird Nachfolger des zurückgetretenen Christian Wulff

Faksimile aus dem stern *9/2012 mit dem Text:* »Traum erfüllt: Gauck, 72, wird Nachfolger des zurückgetretenen Christian Wulff«

ger Kirchenzeitungen. Hierbei bezog er sich nicht nur auf die *Mecklenburgische Kirchenzeitung*, sondern nannte auch Kirchenzeitungen anderer Landeskirchen wie Thüringen, Sachsen und Görlitz. Er bezeichnete diese Maßnahme des Presseamtes innerhalb des Staatssekretariats für Kirchenfragen als Willkürakt, als nicht zeitgemäß und erklärte, dass durch solch eine Maßnahme politischer Schaden angerichtet wird, nicht nur bei Christen, der im Prinzip gar nicht wieder gut zu machen ist und er sagte, daß diejenigen, die dafür verantwortlich sind, sich in den Augen der betreffenden Bürger nur lächerlich gemacht haben.«

Noch einmal muss gefragt werden: So unverblümt konnte man mit einem MfS-Offizier reden? Oder mit Personen, die als Vertraute galten? Und noch mal: Haben Sie das Papier je als »Opferakte« bezeichnet?

»Durch Gauck wurde abschließend eingeschätzt, dass ihn der Besuch eines Mitarbeiters des MfS im Ergebnis dieses Gespräches angenehm überrascht habe, dass der Inhalt dieses Gespräches ihn dazu veranlassen wird, seine Haltung zum MfS zu überdenken, obwohl er durch die/den verbalen Dialog mit dem Mitarbeiter des MfS noch nicht in seiner Auffassung zum MfS endgültig überholt hat. Er glaubt aber auch, dass das MfS einen echten positiven Beitrag zur Entwicklung der sozialistischen Gesellschaft einbringen wird.« Kein Schreibfehler? Nein, schwarz auf weiß: Das MfS leistet einen »echten positiven Beitrag zur Entwicklung der sozialistischen Gesellschaft«?

Das glaubte ein »Opfer«?

»In diesem Zusammenhang nannte er auch die große Verantwortung des MfS gegenüber dem Volk und bezog sich dabei auf die Stalin-Ära, wo es zu erheblichen Übergriffen der damaligen Sicherheitsorgane gegenüber dem Volk gekommen ist und er warnte davor, solche Übergriffe wieder bei uns an die Tagesordnung kommen zu lassen, da irgendwann jeder durch das Volk zur Verantwortung gezogen wird und vor dem Volk Rechenschaft ablegen muss, wie er die ihm übertragene Verantwortung im Interesse des Volkes wahrgenommen hat.«

Man fragt sich: Ist das wirklich der richtige Mann für das Schloss Bellevue? Jemand, der dem MfS »Verantwortung« bescheinigte? Und dann der Hinweis darauf, dass »jeder vor dem Volk Rechenschaft ablegen muss, wie er die ihm übertragene Verantwortung im Interesse des Volkes wahrgenommen« hat. Herr Bundespräsident: Wären Ihnen da nicht viele Fragen zu stellen?

»Diese Ausführungen von Gauck wurden nicht in ablehnender Haltung geführt.«

Nicht mal ablehnend? Hatte der Hauptmann Sie derart missverstanden?

»… sondern dienten nur zur Erläuterung seines im Ergebnis des Gespräches entstandenen Eindrucks über die Arbeit des MfS, wie auch über die Person des Mitarbeiters, der mit ihm das Gespräch geführt hat. Gauck führte wiederholt aus, dass ihm das Gespräch viel gegeben hat, dass es aber für ihn und auch für das MfS wie auch für alle anderen, die im Staate Verantwortung tragen, darauf ankommt, zur generellen Bewältigung der Probleme, die in der gesellschaftlichen Entwicklung für ihn erkennbar sind, dringend notwendig ist, die Attraktivität des Sozialismus entscheidend zu steigern, dass, wie schon eingangs gesagt, die Bürger ein echtes Heimatgefühl entwickeln, dass sie in den Massenmedien wahrheitsgemäß Informationen erhalten, dass die Presse ein Spiegelbild ihrer sozialen Problematik darstellt und dass jegliche Schönfärberei der Vergangenheit angehört.«

Was aber, wenn dem Bewohner des Schlosses Bellevue eines Tages einfiele, wieder die »Attraktivität des Sozialismus« ins Spiel zu bringen? Unvorstellbar! Müsste nicht der Staatsschutz schon prophylaktisch mobilisiert werden?

»Gauck wurde durch den Mitarbeiter erklärt, dass der von ihm beantragten Einreise seiner in die BRD übergesiedelten Kinder durch die zuständigen staatlichen Organe zugestimmt wird und dass der Einreise seiner Kinder nichts mehr im Wege steht.

Gauck zeigte sich bei dieser Äußerung des Mitarbeiters sehr bewegt und erklärte, dass er seit Jahren an der Übersiedlung seiner Kinder merklich zu leiden habe, dass ihn das stark belaste und letzten Endes auch er versagt hat und nicht alles dafür getan hat, dass seine Kinder in der DDR blieben. Auf der anderen Seite machte er auch andere Personen, wobei er die Namen nicht nannte, für die Übersiedlung seiner Kinder verantwortlich.«

War je jemand ermittelt worden, der dem MfS so dienstbar gewesen war, dass eine Besuchseinreise seiner ausgereisten Kinder genehmigt wurde? Ich bekenne: Mir ist kein weiterer Fall bekannt.

»Durch den Mitarbeiter wurde Gauck gebeten, ob bei ihm die Bereitschaft vorliegt, bei Notwendigkeit ein weiteres Gespräch zu vereinbaren. Gauck antwortete hierauf, dass er nichts dagegen habe, wenn der Mitarbeiter bei einem konkreten Anlass zu ihm den Kontakt aufnehme, dass er aber zu einem ständigen regelmäßigen Kontakt nicht bereit ist, da es seiner Grundauffassung widerspreche und es zu viele Dinge gibt, die zwischen uns stehen.«

Eine »Opferakte«? Nicht »regelmäßig«? Das meint doch wohl: bei Gelegenheit! Genügte allein solcher Umstand nicht, nach 1990 Tausenden Schwierigkeiten zu bereiten und viele sogar in den Tod zu hetzen!

»Gauck informierte weiterhin, dass er im Ergebnis dieses Gespräches eine Information an den Landesbischof geben wird und fragte den Mitarbeiter, ob er dagegen Einwände habe. Durch den Mitarbeiter wurde Gauck gesagt, dass es seitens seiner Person keine Einwände gibt.

Danach wurde das Gespräch beendet. Gauck brachte den Mitarbeiter bis zum Hausausgang und verabschiedete sich von ihm nochmals.

In diesem Zusammenhang fragte Gauck den Mitarbeiter, ob er seinerseits etwas dagegen hätte, wenn er ihn, wenn er ein Problem hätte, anrufen könnte und mit ihm ein Gespräch vereinbaren kann/könnte.«

Wieder verschlägt es einem die Sprache. Der Offizier der »Diktatur« verließ endlich die Gauck-Wohnung, aber Gauck hatte noch eine letzte Frage: Wie er ihn »erreichen« könne, wenn er ein »Problem« hätte?

Bislang waren kaum »Stasi«-Akten bekanntgeworden, in denen sich Gesprächswillige selbst angeboten hatten. Wie kann der Mann ins Schloss Bellevue ziehen, dies der Öffentlichkeit erklären? Was sollte er auf die Frage antworten: Haben Sie dem MfS-Hauptmann Terpe in ihrer Wohnungstür die Frage gestellt, wie Sie ihn erreichen können?

»Der Mitarbeiter sagte Gauck, dass die Telefonnummer ja im Telefonbuch steht, und da der Mitarbeiter sich namentlich gegenüber Gauck vorgestellt hat, er nur diesen Namen zu nennen brauchte, und er dann mit ihm verbunden wird.

Daraufhin verließ der Mitarbeiter die Wohnung.

Der [...] Gesprächsverlauf zeigte, dass Gauck keine Zurückhaltung gegenüber dem Mitarbeiter erkennen ließ. Es war ein offenes Gespräch, das einen sehr sachlichen Charakter trug, das Gespräch war von gegenseitiger Akzeptanz charakterisiert. Beide Gesprächspartner beantworteten die vom anderen angesprochenen Probleme, besonders bei Gauck war gerade in der Formulierung von Problemen keine Zurückhaltung erkennbar. Obwohl er eine sehr kritische und überspitzte Meinung zum MfS hat, ist einzuschätzen, dass Gauck letzten Endes auch gewillt ist, einen positiven Beitrag für die Lösung der von ihm angesprochenen und erkennbaren Probleme zu leisten. Er sieht auch ein, dass die Kirche allein die angesprochenen Probleme nicht bewältigen kann. Er verlangt aber, dass der Staat als Machtträger die Probleme, die real existieren, ob er sie wahrhaben will oder nicht, auch anspricht, öffentlich diskutiert und auch löst.

Im Ergebnis des heutigen Gesprächs ist einzuschätzen, dass die bisherigen Wertungen zur Person Gauck einer Präzisierung bedürfen. Es wird vorgeschlagen, den OV ›Larve‹ zu archivieren und einen IM-Vorlauf anzulegen. Weiterhin erscheint es sinnvoll, den Kontakt zu Gauck langfristig aufrechtzuerhalten und zumindestens 1988 ein weiteres Kontaktgespräch zu führen.«

Damit beendete Hauptmann Terpe seinen Bericht, der im Archiv abgelegt und später dort aufgefunden wurde. Hier endete auch der Abdruck der *Welt*, aber nicht das Porträt des Bürgers der DDR Joachim Gauck, der – wie er einem in Berlin tätigen russischen Taxifahrer erklärte – nun Bundespräsident ist.

Bliebe noch die Frage nach dem MfS-Hauptmann. Hat Terpe das Gespräch korrekt zu Papier gebracht? Das ist sehr wahrscheinlich, denn sonst hätte Gauck gewiss seine Macht genutzt, ihn der Lügerei zu bezichtigen. Das aber tat er nicht. Natürlich hätte ich den Ex-Hauptmann aufsuchen und ihm diese Frage stellen können. Das würde aber – auch nach der Ansicht von Anwälten – ein Risiko für ihn darstellen. Das Risiko nämlich, von Journalisten überrannt zu werden. Deshalb unterließ ich es.

Schon vor Jahren war es in Rostock zu einem Prozess zwischen Gauck und Diestel gekommen. Der frühere DDR-Innenminister hatte Terpe als Zeugen aufgeboten. Diestel gab mir nachfolgende »notarielle« Auskünfte:

Frage: Sind Sie dem Ex-Hauptmann je begegnet?

Antwort: Ja, mehrfach.

Frage: Hat er Ihnen bestätigt, dass das Gespräch mit Gauck so stattgefunden hat, wie die *Welt* es aus den Akten gedruckt hat?

Antwort: Ja. Haargenau so.

Das genügte mir als Autoritätsbeweis. Damit besteht für niemanden eine Chance, das Gespräch und seinen Wortlaut infrage zu stellen.

Danach las ich das Buch, das der damalige Vorgesetzte des Ex-Hauptmanns, der letzte Chef der MfS-

Bezirksverwaltung Rostock, Arthur Amthor, 2009 unter dem Titel »Ruhe in Rostock? Von wegen« verlegen ließ.

Amthor berichtete darin zunächst, wie es überhaupt dazu gekommen war, dass sich das MfS mit Gauck befasst habe. »Am 24. März 1983 legte die Kreisdienststelle Rostock gegen Joachim Gauck den Operativ-Vorgang ›Larve‹ wegen des Verdachts der Staatsfeindlichen Hetze (§ 106 Strafgesetzbuch) und der Staatsfeindlichen Gruppenbildung (§ 107 Strafgesetzbuch) an.

Folgende Verhaltensweisen des Pfarrers Gauck waren Ausgangspunkt der Überprüfung in einem OV. (Dabei beziehe ich mich auch auf die im Jahre 2000 in Berlin erschienene Publikation von Norbert Robers ›Joachim Gauck – Die Biographie einer Institution‹.)

Das MfS erhielt seit 1974 regelmäßig inoffizielle und offizielle Hinweise über das negative Auftreten Gaucks. Er bezeichnete ›die Regierung der DDR als Clique, die gemeinsam mit dem MfS und der NVA das Volk unterjocht‹. […] Bei einem Friedensgottesdienst in der Rostocker Heilig-Geist-Kirche mit etwa 700 Jugendlichen, der 1982 stattfand, zog Gauck Vergleiche zwischen dem Nazireich und der DDR. Durch Propaganda könne man Millionen von Menschen manipulieren.

Pfarrer Joachim Gauck schloss sich dem im Dezember 1982 gegründeten ›Warnemünder Friedenskreis‹ an, der antisozialistische Aktivitäten plante und deshalb von der Kreisdienststelle Rostock als verfassungsfeindlicher Zusammenschluss unter Kontrolle genommen wurde.

Die Gefährlichkeit seines Handelns bestand darin, dass Gauck seine kirchliche Stellung und den Freiraum Kirche nutzte, um insbesondere junge Menschen gegen den Staat DDR aufzuwiegeln und ihre antisozialistischen Aktivitäten zu unterstützen. Gauck besaß die besondere Gabe, in freier Rede Menschen für seine Ideen zu gewinnen und ihnen seine Auffassungen sozusagen zu suggerieren.«

Und dann wurde ein gewisser Wandel konstatiert: »Als Gesprächsleiter bei dem vom 1. bis 3. Juni 1984 durchgeführten ›Kessiner Friedensseminar‹ hielt sich Gauck mit politischen Äußerungen zurück. Er forderte die Teilnehmer sogar auf, keine ›staatsprovozierenden Fragen‹ zu stellen.«

Später »verdrängte er alles, was mit seinen einstigen Beziehungen zum MfS zu tun hatte und strich aus seinem Gedächtnis die vertraulichen Gespräche. Soweit meine Vermutung.

Diese Vermutung stützt sich auch auf mein letztes Gespräch mit Gauck, um welches ich ihn nach Beendigung der mir vom Unabhängigen Untersuchungsausschuss übertragenen Aufgabe zur Auflösung unserer Bezirksdienststelle bat. Die Unterredung hatten wir Anfang April 1990 in einem Gebäude, welches von den Bürgerrechtlern genutzt wurde. Ich wandte mich an ihn, weil er inzwischen Abgeordneter der Volkskammer der DDR war und eine einflussreiche Stellung innerhalb der Bürgerrechtsbewegung einnahm.

Erwartet hatte ich seine Bestätigung, dass wir ehemaligen Angehörigen des Ministeriums für Staatssicherheit im Zusammenwirken mit den Bürgerrechtlern einen nicht unbedeutenden Beitrag zum friedlichen Verlauf der Massendemonstrationen und Kundgebungen leisteten und die Auflösung unseres Bezirksamtes ordnungsgemäß durchführten. Leider erfüllten sich meine Erwartungen nicht.

Mir saß ein Mensch gegenüber, eiskalt, hasserfüllt und ohne menschliches Gefühl. Von einem ehemaligen Pastor und Seelsorger war nichts zu spüren. [...]

Was Herrn Gauck vordergründig interessierte, war die Frage nach ehemaligen Inoffiziellen Mitarbeitern, die zu diesem Zeitpunkt noch Abgeordnete der Volkskammer der DDR waren. Jeder wird verstehen, dass ich diesem Kopfjäger – ich finde dafür keinen anderen Ausdruck – dazu keine Angaben machte.«

Hier wäre eine Bemerkung einzufügen, die einem Interview der *Süddeutschen Zeitung* am 23. Juni 1995 entnommen ist. Die Interviewer Dieter Schröder und Heribert Prantl stellten Gauck die Frage: »Ist es besser, Sie als Pontius Pilatus zu bezeichnen, weil Sie zwar ein Urteil fällen, aber dann die Hände in Unschuld waschen?«

Das war zweifellos eine kühne Frage, denn einen Pastor mit Pontius Pilatus zu vergleichen, der nach den Erzählungen des Neuen Testaments als römischer Statthalter Jesus hatte hinrichten lassen und obendrein auch noch galiläische Pilger ermorden ließ, klingt nicht eben freundlich.

Gauck reagierte denn auch empört: »Diese Frage habe ich von einem juristisch kundigen Fragesteller nicht erwartet. Denn keineswegs sprechen wir das Urteil, sondern wir tragen lediglich zur Sachverhaltsermittlung bei.«

Das aber ließen die Interviewer nicht gelten: »Sehr häufig erwachsen aus dem Material, das Sie vorlegen, aus einem reinen Verwaltungsvorgang also, Folgen für den Betroffenen. Das ist auch ein Urteil, aber kein von einem Gericht gefälltes. Ihre Auskunft greift ein in ein Schicksal.«

Gauck wehrte sich: »Ich nehme Ihr Insistieren auf. Wir stellen keine strafrechtliche Schuld fest, sondern liefern Informationen für die Fragestellung, ob aufgrund bestimmter Sachverhalte bestimmte Personen in einer ganz bestimmten historischen Zeit für bestimmte Ämter weniger oder mehr geeignet sind. Wir sind bei diesen Fragen überhaupt nicht geleitet von Zorn oder Moral. Mit einzelnen, selbstkritischen Stasi-IMs, die deswegen nicht mehr weiterbeschäftigt wurden, würde ich, Joachim Gauck, privat zum Abendessen gehen können. Das trenne ich aber von der Frage, ob sie eine amtliche Funktion jetzt wahrnehmen können.«

Damit hatte er die Frage, ob seine Urteile in Schicksale eingreifen, ziemlich eindeutig mit »Ja« beantwortet.

»Nach Ihrer Meinung muss die Aufarbeitung der Akten der Vergangenheit weitergehen. Es gibt eine andere starke Tendenz in der Öffentlichkeit, den Ruf nach einem Schlussgesetz, nach Amnestie, nach Versöhnung, nach einem Freudenfeuer, das die Akten verbrennt – und Sie selber sind ja dem Gedanken der Versöhnung auch gelegentlich nähergetreten. Wie ließe sich denn beides vereinbaren?«, fragten die beiden Journalisten, worauf er erbost reagierte: »Ihre Frage enthält eine Frechheit. Ich bin nicht dem Gedanken der Versöhnung ›gelegentlich nähergetreten‹, sondern ich bin von dieser Frage von Anfang an begleitet gewesen, und sie prägt mein Leben. Nur gehöre ich nicht zu denen, die meinen, man könne sich besonders gut versöhnen, wenn man besonders wenig weiß und besonders wenig tut.«

Kein Zweifel: Joachim Gauck hat viel dafür getan, dass möglichst viele viel erfuhren, und er darf sich rühmen, in dieser Hinsicht ausgiebig gepredigt zu haben. Buchautor Arthur Amthor hatte sich auch zu der »privaten« Aktensuche durch Gauck geäußert und ermittelt: »Um sicherzugehen, ob sich in seiner Akte kompromittierende Unterlagen befinden, machte er kraft seines Amtes am 2. August 1990 selbst davon Gebrauch, den OV ›Larve‹ im Archiv unserer ehemaligen Bezirksverwaltung zu sichten.

Mich interessierte, ob Gauck bei dieser Konfrontation mit den über ihn zusammengetragenen Informationen Möglichkeiten hatte und nutzte, der Akte etwas zu entnehmen. Der von mir befragte Archivar, welcher Gauck den OV ›Larve‹ zur Sichtung überreicht hatte, verneinte das. Er erinnerte sich, dass es sich um einen abgeschlossenen Vorgang handelte. Jede Seite war paginiert, das Konvolut mit Heftfaden vernäht und verplombt. Die Herausnahme einzelner Blätter oder anderer Bestandteile des Akteninhaltes sei nur möglich gewesen, wenn die Sicherungen gebrochen wurden, was in diesem Falle nicht festgestellt wurde.«

»Hierzu ergibt sich die Frage, ob er alles Notwendige getan hatte, um sich gegen alle Eventualitäten abzusichern. Noch war ja, solange die DDR existierte, niemandem die Sichtung der vom MfS archivierten Unterlagen gestattet. Inwieweit der Beschluss des Ministerrates der DDR Nr. 13/4/90 vom 8.

Februar 1990 noch Gültigkeit besaß und überhaupt beachtet wurde, entzieht sich meiner Kenntnis.

Ich wurde jedenfalls schon kurz nach Beendigung der Auflösung der Bezirksverwaltung am 31. März 1990 von Geheimdienstmitarbeitern der BRD mit Originaldokumenten konfrontiert, die aus unserem Archiv stammten. Es wäre also verständlich, wenn sich Gauck schon in seiner Eigenschaft als Abgeordneter der Volkskammer der DDR darum bemühte, den Posten des MfS-Aktenverwalters einzunehmen und solche gesetzlichen Grundlagen zu schaffen, die eine Einsichtnahme in Archivunterlagen durch Unbefugte nicht zuließen.«

Und dann erinnerte sich Amthor noch: »Es muss im Herbst 1990 gewesen sein, als die Vereinnahmung der DDR durch die BRD bereits besiegelt war. Mich suchte ein BRD-Bürger auf, der beauftragt war, mich zu fragen, ob ich zu einem vertraulichen Gespräch mit einem Gesandten der seinerzeit in Bonn ansässigen Kohl-Regierung bereit wäre. Worum es gehen sollte, wusste er angeblich nicht. Ich erklärte mich bereit.

Das Gespräch fand in einem BRD-seitig genutzten Gebäude in Rostock statt, dem durch Krawalle berüchtigt gewordenen ›Sonnenblumenhaus‹. Ich traf mit einem höheren Regierungsbeamten zusammen, der per Hubschrauber in Begleitung einer Frau, vermutlich seiner Sekretärin, aus Bonn angereist war. Ich glaube, er nannte nur seine Dienstbezeichnung ›Oberregierungsrat‹. Jedenfalls erfuhr ich keine Namen und Angaben zum Geschäftsbereich. Der Beamte kam gleich zur Sache, indem er mir Fragen zu Gauck stellte. Das Anliegen, um das es ihm ging,

Gauck zu Amthor: »Sie haben Ihr ganzes Leben lang die Schuld abzutragen, die Sie auf sich geladen haben. Und auch Ihre Enkel werden davon betroffen sein!«

nannte er nicht. Seine Fragestellung beinhaltete nur, ob ich Gauck kenne und wie ich ihn einschätze. Insofern blieben meine Antworten auch sehr allgemein und nichtssagend, zumal der Beamte mit keinem Wort erwähnte, dass Gauck für das Amt des

›Bundesbeauftragten für die Unterlagen des Staatssicherheitsdienstes der DDR‹ im Gespräch sei.

Nach dieser Befragung versuchte ich, mir bei ehemaligen Mitarbeitern der Kreisdienststelle Rostock mehr Klarheit über Gauck zu verschaffen, insbesondere über den Inhalt des OV ›Larve‹, den ich gegenüber dem Gesandten von Kohl nicht erwähnte. Leider musste ich jetzt erleben, dass sich einige Auskunftsfähige mit der Begründung, sie wollten ihren Arbeitsplatz nicht verlieren, aus allem heraushielten. Dafür brachte ich Verständnis auf. So kamen mir nur sehr dürftige Hinweise über Gauck zur Kenntnis, die ich trotzdem dem Beauftragten von Kohl zukommen ließ.

Erst im vergangenen Jahr (2008) erfuhr ich, dass von vermutlich dem gleichen Oberregierungsrat auch ein Mitarbeiter der Kreisdienststelle Rostock befragt worden war, der zur Problematik Gauck überhaupt keine Angaben machen konnte, da er dazu arbeitsmäßig keinerlei Beziehungen hatte.

Nun kann es sein, dass der Herr Oberregierungsrat seine Recherchen zu Gauck beendete und seinem Auftraggeber berichtete, es gäbe keinerlei Hinweise, die der Kandidatur von Gauck im Wege stünden.«

Eines Tages wurde Amthor vorgeladen: »Was mir bis heute unklar ist, war eine vom 24. Mai 1993 datierte Ladung der Staatsanwaltschaft Rostock, unterzeichnet von Oberstaatsanwalt Slotty, zur Zeugenvernehmung für Dienstag, den 1. Juni 1993, im ›Vorermittlungsverfahren wegen des Verdachts des Diebstahls gegen den Bundesbeauftragten für die personenbezogenen Unterlagen des ehemaligen Staatssicherheitsdienstes, Herrn Gauck‹. Als ich dieser Vor-

ladung pünktlich nachkam, wurde ich vom Staatsanwalt Slotty freundlich begrüßt und in seinem
Dienstzimmer in ein völlig belangloses Gespräch ver-
wickelt. Er suggerierte mir, dass ich zu Gauck ja
nichts aussagen könnte, so dass sich ein Protokoll
erübrige. Worüber ich nichts sagen konnte, erklärte
er nicht. Meiner entsprechenden Frage wich er aus.
Nach weiterem allgemeinem Geschwätz entließ er
mich. Alles dauerte keine 30 Minuten.«

Amthor vermutet, dass es sich um jene Gauck-
Akte gehandelt haben könnte, dass aber die Verfol-
gung der Angelegenheit inzwischen auf höhere Wei-
sung eingestellt worden war.

Ferner erinnerte sich Amthor auch noch eines
Verfahrens, das Dr. Peter-Michael Diestel gegen
Gauck eingeleitet hatte und an dem ich ohne jede
Absicht in gewisser Hinsicht nicht unbeteiligt gewe-
sen bin. Diestel hatte bei einem Potsdamer Sommer-
fest an meinem Buchstand das spotless-Buch »Der
Fall Gauck« erworben und dann die oben zitierte
Akte Dritten gegenüber erwähnt.

Amthor: »Ausgangspunkt für die Klage Gaucks war
die von Dr. Peter-Michael Diestel gegenüber Publika-
tionsorganen geäußerte Meinung, Gauck sei Begünstigter im Sinne des Stasiunterlagengesetzes gewesen.
Gauck klagte daraufhin gegen Dr. Diestel auf Unter-
lassung ehrverletzender Äußerungen. Inhaltlich ging
es um folgendes: Die Zeitung *Neues Deutschland* veröffentlichte in der Wochenendausgabe vom 27./28.
Mai 2000 unter der Überschrift ›Ich fordere eine Salz-
gitter-Behörde für ausgegrenzte Ossis‹ ein Interview
mit Dr. Diestel. Darin machte dieser folgende Aussagen: ›Den Begriff Täter oder Opfer gibt es nach dem

Stasi-Unterlagengesetz nicht. Aber Herr Gauck ist in klassischer Weise – und diesen Begriff gibt es im Gesetz – ein Begünstigter durch die Staatssicherheit. Er hat das seltene Privileg genossen, dass er mit Unterstützung eines Stasi-Anwalts, des allseits bekannten Anwalts Wolfgang Schnur, seine Kinder in den Westen reisen lassen konnte. Herr Gauck durfte erleben, dass seine Kinder, nachdem sie mit Unterstützung der Stasi ausreisen durften, auch wieder einreisen konnten. Vergleichbares gibt es nur selten.‹

Die *Berliner Morgenpost* veröffentlichte in ihrer Ausgabe vom 29. Mai 2000 unter der Überschrift ›Die Geschichte einer Feindschaft‹ einen Artikel über ein Interview mit Dr. Diestel, welches folgende Aussagen enthielt: ›Gauck war zweifelsfrei kein IM, hat aber ebenso zweifelsfrei Kontakt mit dem MfS gehabt. Etwa bei einem Gespräch 1988 zum Kirchentag Rostock. Gauck ist in klassischer Weise nach dem Stasiunterlagengesetz Begünstigter.‹«

Als Joachim Gauck seinen 70. Geburtstag feierte, bot sich Angela Merkel an, die Laudatio zu halten und sagte: »Als ich noch Fraktionsvorsitzende war, habe ich mir in meiner Fraktion immer überlegt, wer sich wie verhalten hätte, wenn es geboten gewesen wäre, etwa ein Buch zu schmuggeln. Wer hätte sich wie verhalten, wenn man von der Staatssicherheit angesprochen worden wäre.«

Wusste sie nicht, wie Gauck sich verhalten hatte, als er 1988 von der Staatssicherheit nicht nur angesprochen worden war, sondern den Dank des Ministeriums entgegennahm? Oder hatte sie es unter den Teppich gekehrt, wie Gauck selber? Sie fuhr fort: »Deshalb gibt es immer wieder die Diskussion über die Frage ›Unrechtsstaat: Ja oder Nein?‹ Mit einer ganz klaren Ansage und Aussage, dass die DDR von ihrem ersten Tag an auf Unrecht und nicht auf Recht gegründet war.«

Gauck wird sich gefreut haben, das zu hören und vielleicht im Stillen gebetet haben, dass sich nicht plötzlich eine Tür öffnete, durch die der Hauptmann a. D. Terpe hereinspaziert käme und darum ersucht, auch eine Laudatio halten zu dürfen.

Immerhin konnte er wenigstens sicher sein, dass Günter Gaus nicht mehr erscheinen würde. In einem Interview mit der *Welt* am 13. Januar 1997 hatte man Gauck gefragt: »Ein Kenner der DDR, der noch heute eine moralische Institution für viele ist, Günter Gaus, sagte kürzlich, er wende sich gegen das ›Gaucken‹. Und er warf Ihnen vor, die Stasi-Akten ›zielgerichtet‹ zu verwalten.«

Darauf Gauck: »Es ist schon erschütternd, wie man mit Hilfe der selektiven Wahrnehmung von Wirklichkeit einen historisch gewichtigen Ansatz und eine allgemein anerkannte Praxis fehlinterpretieren kann. Vielleicht passt Herrn Gaus die Richtung nicht, möglicherweise ist er zu stark von den Etablierten der ehemaligen DDR geprägt. Es scheint deren Optik zu sein, die ihn hindert, den emanzipatorischen Politikansatz zu erkennen, auf dem die Gesetzeslage und die daraus folgende Praxis beruht.«

Die *Welt*: »Der Vorwurf hat Sie getroffen?«

Und Gauck: »Vorwürfe von Dummköpfen tun nicht weh, ungerechtfertigte Vorwürfe von Menschen, die es besser wissen könnten, schon. Vielleicht muss man Gaus aber als ein Teil, vielleicht sogar als Prototyp jener Schicht von Intellektuellen sehen, die es für geboten hielten, beim Blick auf die Welt mit unterschiedlicher Schärfe hinzuschauen. Wenn man die Diagnose-Brille beim Blick nach rechts aufsetzte und sie beim Blick nach links abnahm, musste das eine Diagnose geben, die geprägt war von intellektuellen wie politischen Defiziten. Die einst Mächtigen und ihre Anhänger sind ihm dafür natürlich von Herzen dankbar.«

Die *Welt* hatte ihn gefragt: »Warum wagte man 1990 nicht, die ehemaligen führenden SED-Kader wirklich zu packen?«

Gauck darauf: »Weder die Volkskammer 1990 noch später der Deutsche Bundestag haben eine Entkommunisierung beschlossen, die der Entnazifizierung der Nachkriegszeit entsprochen hätte.«

Die *Welt*: »War man zu blauäugig?«

Lässig und aufgeräumt bei der Eröffnung eines Geschichtswettbewerbs am 3. September 2008 in Nordrhein-Westfalen

Gauck: »Wir waren alle ein bisschen euphorisch, weil wir dachten, nach der Befreiung von der Diktatur würde niemand mehr von den SED-Kadern ein Stück Brot nehmen. Aber dann haben sie sich ein anderes Käppchen aufgesetzt und behauptet, sie wären eine neue Partei und würden eine alternative linke Politik machen. Was sie sagen, klingt für viele, die sich gegenwärtig neu orientieren müssen, geradezu heimatlich. Viele Bürger sehen schon nicht mehr die ehemaligen Genossen dahinter. Das war damals so nicht zu erwarten.«

Doch der Unmut des Mannes, der erster Mann im Staate werden möchte, erschöpft sich nicht im Ärger über die SED, er steckt viel tiefer, wie er in einer »Berliner Rede zur Freiheit« im April 2009 bekannte: »Wie kommt es, dass Menschen, die Freiheit und Demokratie tatsächlich leben können, bei Meinungsumfragen fast immer eine große Unzufriedenheit mit den politischen Verhältnissen an den Tag legen? Dass sie unser Gesellschaftssystem für ungeeignet halten, anstehende Probleme zu lösen? Dass einigen sogar der Sozialismus wieder etwas gilt – nicht nur im Osten, sondern auch nach 60 Jahren Demokratie im Westen?

Es fällt auf, dass gerade im Osten, wo die Freiheit wagemutig und dynamisch vor zwanzig Jahren gefordert wurde, eine spürbare Fremdheit gegenüber der offenen Gesellschaft existiert. Was auf den ersten Blick wie eine Rückbindung dieser Menschen an den Sozialismus erscheint, entpuppt sich bei genauerem Hinsehen jedoch stärker noch als eine Bindung weitaus problematischerer Art. Es ist weniger die Ideologie, die sich in ihnen eingenistet hat. Es sind Mentalitäten und

Haltungen, bestimmte Unterwerfungs- und Karriere-muster, eine in zwei Diktaturen gewachsene Abhängigkeit von ›denen da oben‹, die die meisten weiter in einem Zustand der politischen Apathie und Ohnmacht hält. […]

Jede neu gewonnene Freiheit erscheint dem Menschen manchmal als unerträgliche Last. Es gibt ein Leiden an der Freiheit, gefolgt von der tiefen Sehnsucht nach dem Paradies, ob religiöser oder politischer Natur. Das machte den Kommunismus so verführerisch: Er überträgt die Vision vom Reich Gottes ins Politische, dann saugt er Glaubenssubstanz vom Menschen. Die Kommunisten wollten religiösen Glauben nicht. Sie ersetzten ihn durch üblen Aberglauben und brachten Millionen von Menschen um ihre Würde und um ihr Leben. Wie könnten sie jemals wieder glaubwürdig sein? Wir erleben zurzeit eine vor 20 Jahren nicht vorstellbare antikapitalistische Welle. Die Angst vieler Menschen vor Verlust, der berechtigte Zorn über verantwortungslose, der Hybris verfallene Akteure lassen viele die Systemfrage stellen. Doch wer einen Systemwechsel fordert oder propagiert, sollte Alternativen an der Hand haben. Es gibt ganz offensichtlich Missbräuche in der Geldwirtschaft. […] Wer Freiheit will, der muss auch zur Freiheit der Wirtschaft stehen. Und vor allem derjenige, der die Fürsorge für Schwache in einer starken Sozialpolitik fordert, sollte nie übersehen, dass wir nur in sehr gut funktionierenden kapitalistischen Ökonomien die Mittel erwirtschaften konnten, die für einen wahrhaftigen Sozialstaat erforderlich sind. Der Sozialismus hat diese Mittel nicht erwirtschaftet. Wer heute neu von ihm träumt, sollte sich fragen, warum Rezepte von vorgestern, die schon gestern unwirksam waren, ausgerechnet morgen wirken sollten!«

Das ließ ahnen: Der sonst so selbstsichere »Demokratielehrer« war durch die antikapitalistischen Aktionen ungemein verunsichert, und das nahm zu.

Sicher tröstete ihn ein wenig, dass sich damals schon mancher gemeldet und für ihn als Bundespräsidenten plädiert hatte. Ein Berliner Krawallblatt hatte Bürger nach ihrer Meinung befragt. Zum Beispiel den Designer Wolfgang Joop: »Ich finde Gauck fantastisch. In einer Zeit, wo stark an unserer politischen Führung gezweifelt wird, ist er eine gestandene Person von Autorität, Größe, Kompetenz und Wahrhaftigkeit. Eine hochmoralische Figur.« Als ich die B. Z. vom 5. Juni 2010 also gelesen hatte und meine private »Gauck-Akte« schließen wollte, fiel mir noch ein Artikel von Alexander Osang in die Hand, den er 1994 in der *Berliner Zeitung* veröffentlicht hatte. Er enthielt den Protest der Schüler der Klasse 4c der 1. Pankower Grundschule gegen die Entlassung ihrer Lehrerin Klaudia Urban.

»Schulrat Günther hat Kreide in der Stimme, Zuckerguss in den Augen und eine märchenhafte Erklärung. ›Seht mal‹, sagte er in die unzufriedenen Kindergesichter. ›Das mit eurer Frau Urban ist wie beim Fußball. Ob einer nun gefoult hat oder nicht, wenn der Schiedsrichter es entscheidet, muss der Spieler vom Platz. Auch manchen Lehrern muss man eben die Rote Karte zeigen. So ist das mit dem Recht.‹ Die Kinder schauen den sanften Schulrat verständnislos an. Als die 4c am 13. Juli ihre Zeugnisse bekam, saß ihre Klassenleiterin beim Einzelfallgespräch. Am Tag zuvor war der Bericht der Gauck-Behörde über die Deutsch- und Englischlehrerin im Pankower Schulamt eingetroffen. […] Die Schüler bekamen ihre Zeugnisse von der Musiklehrerin.«

Und würde noch jemand fragen wollen, warum ich als Autor des Buches »Der Fall Gauck« vor fast eineinhalb Jahrzehnten den Namen Sven Dorlach angab, verrate ich ihm: Es war die Zeit, in der sich die Vorsichtigen zwei IM- oder OV-Namen zulegten.

Die Faust geballt
gegen Heiner Fink

Bevor ich endgültig meine Mappe schloss, widmete ich mich noch Gaucks Erinnerungen, die er im Siedler-Verlag 2009 unter dem Titel »Winter im Sommer – Frühling im Herbst« veröffentlicht hatte. Über das Interview, das er mit Hauptmann Terpe geführt hatte, gab er darin nur preis, dass es stattfand. Ansonsten versicherte er mit viel Eifer, dass er das meiste in seinem Amt – nicht auf der Kirchenkanzel, sondern im IM-Jäger-Büro – *richtig* betrieben hatte. Zum Beispiel die Jagd auf Heinrich Fink.

»Als Beispiel für einen solchen Fall sei hier der Konflikt um den Theologieprofessor und Rektor der Humboldt-Universität Heinrich Fink angeführt. Im Zuge einer Überprüfung aller Universitätsangestellten hatte sich bei Fink ein IM-Verdacht ergeben, der sich zunächst auf relativ wenig Unterlagen stützte. Ersichtlich war, dass IM ›Heiner‹ beim Kirchentag 1987 konspirativ ein Lagezentrum der Staatssicherheit angerufen und die Verdienstmedaille in Gold der Nationalen Volksarmee erhalten hatte. Ersichtlich war ebenfalls, dass sein Vorgang fünf Bände umfasst haben musste. Die Akte selbst war nicht mehr vorhanden.

Fink wurde entlassen, klagte dagegen, aber bis zum Bundesgerichtshof wurde bestätigt, dass unsere Einschätzung, dass Fink wissentlich für das MfS gearbeitet habe, richtig sei. Im Laufe der Zeit wurde unsere Einschätzung schließlich auch durch weitere Aktenfunde bestätigt.

Für die PDS und die Studenten der Humboldt-Universität war Fink jedoch ein Gejagter und ein Opfer. Für manche wurde er zu einer Identifikationsfigur des Ostens gegen den Westen und zum Vorkämpfer der Entrechteten. ›Unser'n Heiner nimmt uns keiner!‹ skandierten die Studenten, die eines Tages vor unsere Behörde in die Behrenstraße zogen. Die Straße war bis Unter den Linden schwarz von Menschen. Da ich nicht da war, stellte sich Herr Geiger den äußerst aggressiven Demonstranten und versprach über einen Lautsprecherwagen der Polizei, dass wir uns in der Humboldt-Universität einer Diskussion stellen würden.

Mir kam eine derartige Diskussion geradezu gelegen. Wo waren diese Studenten, die für Fink auf die Straße zogen, 1989 gewesen? Hatten sich die meisten bei der Revolution nicht auf eine peinliche Weise zurückgehalten? Waren sie im DDR-System nicht zu einer hohen Anpassungsleistung bereit gewesen, um in ihrem Fach studieren zu dürfen? Und die alten Hochschullehrer: War eine Reihe von Lehrstühlen nicht mit Leuten besetzt, die in ihre Führungsrollen keineswegs durch ihr Können, sondern durch die Kaderpolitik der SED gebracht worden waren? Statt kritisch die eigenen Biografien zu prüfen, warfen sie nun westdeutschen Bildungs- und Hochschulpolitikern vor, dass sie wie Kolonialherren auftreten würden.

Nie vorher und nie nachher hat uns die Polizei einen Begleitschutz geschickt, darunter eine große, durchtrainierte Frau in Stöckelschuhen – ihre Waffe für den Notfall, wie sie uns lachend erklärte. Eine Behörde, die zum Symbol offener Aufarbeitung geworden war, [...] wurde von der Mehrheit der im Auditorium Maximum Versammelten bekämpft als Feinde des Volkes. Der Saal war überfüllt. Bis heute erinnere ich mich an den Satz, mit dem ich das Publikum begrüßte: ›Gelassen und voller Freude erwarte ich die Proteste einer PDS-gesteuerten Hochschulöffentlichkeit.‹ Und ich ballte die Faust. Buuuh!«

Diese Schilderung widerlegt vor allem, was er heute so gern und allerorts behauptet, nämlich, dass er nur Akten verwaltete und nie aktiv wurde.

»An Fink konnte sich der Widerstand gegen die Aufarbeitung besonders gut festmachen: Er war nicht SED-Mitglied gewesen, schien also nicht ideologisch borniert oder belastet: er war Theologe, schien also von lauteren Motiven bestimmt. Außerdem war er ein ›Ossi‹, den es zu schützen galt gegen die ›Wessis‹, die das Stasi-Thema angeblich benutzten, um Konkurrenten zu verdrängen. [...] Allerdings konnte fast seine gesamte Akte wiederhergestellt werden. [...]

Meine Gegner fanden sich nach meinem Auftritt bestätigt in ihrem Urteil, ich sei ein ›politischer Missionar‹ [...]. Aber in der äußerst angespannten Situation wäre vermutlich jeder Versuch, um Verständnis für unsere Position zu werben, als Schwäche ausgelegt worden. Ich war ein Behördenchef geworden, aber ein Aufklärer geblieben. [...]

Ich habe mein Recht auf persönliche Meinungsäußerung immer dann verteidigt, wenn relevante Fragen von Struktur und Wirkungsweise des MfS zur Debatte standen. Ich musste und wollte nicht schweigender Zuhörer von Lügen, Beschönigungen und Beschwichtigungen sein. Weder Stolpe noch Gysi oder Fink oder gar Schnur und erst recht nicht die ehemalige Stasi-Generalität sollten den öffentlichen Diskurs in Stasi-Themen bestimmen und die Deutungshoheit übernehmen.«

Nein – dieses Recht sicherte er sich! Und selten ging es um eine »persönliche Meinungsäußerung«, wenn er sich zu Wort meldete, vor allem um Anklagen, von denen so manche – siehe oben – kaum beweisbar waren!

An einen aber geriet er, der sich nicht verschrecken ließ: Manfred Stolpe. In Gaucks Memoiren klang das so: »Als Stolpe seine Bischöfe und die Kirchenleitung nicht darüber informierte, dass er mit dem MfS verhandelte, hat er eine Dienstpflichtverletzung und einen Vertrauensbruch begangen. Das stellte – allerdings erst Jahre später – der Prüfungsausschuss der Evangelischen Kirche fest. Er hat Vertrauensbruch begangen, falls er sich gegenüber der Staatssicherheit und staatlichen Stellen von seinen bischöflichen Vorgesetzten distanzierte, falls er abwertende Bemerkungen über sie machte, und auch wenn er dem Staat das Vorgehen gegen einige Oppositionelle erleichterte, indem er in kirchlichen Gremien darauf hinwirkte, dass ihnen kein kirchlicher Schutz gewährt wurde.«

Das war nicht etwa eine Randbemerkung eines Memoirenschreibers, sondern der Pastor Gauck, der schon immer gern alles im Griff haben wollte und sich dementsprechend verhielt: »Ich habe Stolpe einmal in einer Runde von Kirchentagsveranwortlichen vorgehalten, dass er gegenüber der Staatssicherheit eine größere Offenheit zeigte als gegenüber seinen Brüdern und Schwestern im Präsidium des DDR-Kirchentages. Und was ist davon zu halten, wenn er zeitnah seinem Führungsoffizier von der dreitägigen Sitzung in Bad Saarow berichtete, auf der sich die Kirchenleitung im März 1978 auf das Spitzentreffen mit Staats- und Parteichef Erich Honecker vorbereitete? Dadurch verschaffte er der staatlichen Seite einen Handlungsvorteil – sie wusste genau, was sie zu erwarten hatte.«

Ein aufschlussreiches Geständnis. Die Sitzung war 1978, die Memoiren schrieb er dreißig Jahre später, wollte aber nicht versäumen, Stolpe einmal mehr »anzuzeigen«.

»Außerdem fragt man sich, wie weit jemand nach Jahren vertraulicher Gespräche mit der Stasi deren Gedanken und Haltungen verinnerlicht hat und dadurch vielleicht maßvoll, aber doch zielgerichtet die Rolle der Opposition zu begrenzen und zu minimieren bereit ist. Ob sich durch Stolpes Status einer Persona grata für die Kirche wirklich etwas verbessert hat, wissen wir nicht. Von den acht Kirchenvertretern, die Stolpe als ›Mitstreiter‹ in der Beweisaufnahme des Potsdamer Untersuchungsausschusses angab, waren sechs selbst als IM registriert und zum Teil deutlich belastet.

Selbstverständlich musste die Kirche Stolpe verteidigen gegen Kritiker, die meinten, er sei ein Mann der Stasi in der Kirche gewesen. Keineswegs zwingend war aber die frühe pauschale Exkulpierung.

Mit meinem Landesbischof Christoph Stier vertrat ich damals die Ansicht, dass kirchliche Verlautbarungen weniger von Imagepflege gelenkt sein sollten als durch die christlichen Grundsätze von Buße und Umkehr.

Das alles ist strafrechtlich nicht relevant, aber durchaus wichtigem bei der Prüfung der Frage, ob eine Person für einen herausgehobenen Posten im öffentlichen Dienst geeignet ist oder nicht. Immer wieder wurde ins Gespräch gebracht, es gebe ein altes Zerwürfnis zwischen Stolpe und mir. Das ist eine Legende.«

Der Leser hat ein gutes Recht zu zweifeln. Jedenfalls offenbarte diese Passage einmal mehr den Charakter Gaucks. Anwürfe gegen Stolpe, dann der Hinweis, dass sie keineswegs »strafrechtlich relevant« seien, dann im Nebensatz der Hinweis auf das »Zerwürfnis«.

Man wird einiges zu erwarten haben von diesem Bundespräsidenten!

Und dazu passt, dass er dann einen Haken schlug: »Anfangs wurden in der Öffentlichkeit noch Zweifel an dem Wahrheitsgehalt der Stasi-Dokumente geäußert. Hatte das MfS nicht selbst gezielt falsche Informationen in Umlauf gesetzt? Nach jahrelangem Umgang mit den Akten dürfte allerdings weitgehend anerkannt sein, dass die Staatssicherheit […] darauf drang, dass die IM möglichst ›objektiv, unverfälscht, konkret und vollständig über die für sie wichtigen Sachverhalte berichteten‹.«

Eine Art »Ehrenerklärung« für die Genossen des MfS, dass sie nur die Wahrheit notiert hatten. Die Genossen werden sich freuen! Ein Lob des Bundespräsidenten! Was will man mehr?

Und dann folgte noch einmal die an Zynismus kaum zu überbietende Behauptung: »Letztlich war

Im Oktober 2010 besuchte Gauck mit Lebensgefährtin Wolfenbüttel, »bei strahlendem Sonnenschein«, wie Fotografin Anne König betonte. Und Landrat Jörg Röhmann (r.) machte seinen Diener

unser Umgang mit der Vergangenheit der DDR nach 1989 weit maßvoller als der Umgang in den Westzonen mit der Nazi-Vergangenheit unmittelbar nach dem Krieg. Wir verzichteten auf eine ›Entkommunisierung‹ analog zur Entnazifizierung.«

Aber dann verteilte der Bundespräsident rasch noch Rettungsringe für seine eigene Zukunft, offensichtlich einiges im Voraus befürchtend: »Ganz sicher sind westliche Gesellschaften, krisenanfällig und produzieren Ungleichheit – beides erfordert beständig Kritik und entgegenwirkende Maßnahmen. Aber dazu müssen wir nicht bei jenen in die Schule gehen, deren Gesellschaftssystem an mangelnder Freiheit zerbrochen ist. Unser Lernort ist ein anderer. [...] Freilich können auch auf dem Boden der Demokratie totalitäre Ideen gedeihen; wir haben den Sieg der Visionen einer Ordnung des Proletariats und der arischen Rasse erlebt.

Aber kein System ist so lernfähig wie die Demokratie. Sie ist gerade nicht das Einfache, das schwer zu machen ist, wie Brecht es vom Kommunismus behauptete. Sie ist das Komplizierte, was auch einfache Menschen machen können.

Wir brauchen keine neue Gesellschaftsordnung, sondern eine Demokratie.«

Zwischenfrage, ohne die Faust zu ballen: Sie sagten doch bislang immer: Wir haben sie, die Demokratie.

Und auch mit der Freiheit könnte es Probleme geben, ließ er wissen: »Ganz offensichtlich gibt es keine ungestörte Beziehung zur Freiheit. Schon ihre zwei Gesichter mögen uns verwirren. Eines erweckt Vertrauen – es verspricht Selbstverwirklichung, Gestaltungsmöglichkeiten, Zukunft. Es lässt in der Begegnung und der Nähe zum Mitmenschen Empathie und Verantwortung wachsen, das Grundelement moralischen Verhaltens. Das andere Gesicht der Freiheit hingegen lässt uns erschrecken – wenn es als Raubtierkapitalismus, nacktes Kalkül, Gruppenegoismus, als unethischer Forschungseifer letztlich den Egoismus fördert und die Solidarität und das Mitleid mit dem Anderen neutralisiert. Das Erschrecken über diese Seite der Freiheit ist letztlich ein Erschrecken über uns, über das destruktive Potenzial in uns. [...]

Als Bürger der Bundesrepublik habe ich in den letzten zwanzig Jahren zur Kenntnis nehmen müssen, dass die Freiheit tatsächlich im Alltag der freien Gesellschaften einen Teil ihres Glanzes verliert. Als

Ostdeutscher, als Betroffener einer osteuropäischen Verlustgeschichte weiß ich aber deutlicher als die, die immer über sie verfügt haben, dass wir, wenn wir uns nicht immer wieder von ihr beflügeln und befähigen lassen, auch an Kraft und Willen zur Veränderung einbüßen. Mag sein, dass Jahre kommen, in denen die Freiheit noch mehr an Glanz verliert. Mag sein, dass uns ungewohnte Lasten auferlegt werden. Mag sein, dass dann allgemeiner Verdruss das Land noch

Benedikt Bisping, Bürgermeister von Lauf bei Nürn-berg, mit Gauck am 1. Juli 2010, aber die Pegnitzer Zeitung *bringt die alte Aufnahme aus gegebenen Anlass noch mal am 28. Februar 2012*

mehr einhüllt. Aber ich werde mich erinnern. Wir haben sie ersehnt, sie hat uns angeschaut, wir sind aufgebrochen und sie hat uns nicht im Stich gelassen, als uns in der Freiheit neue Herausforderungen begegneten. Es kann nicht anders sein: Sie wird mir immer leuchten.«

Hofft er! Er wird helles Licht brauchen.

Aber bevor ich endgültig zum Schluss kam, machte ich mich noch auf den Weg nach Jena und legte eine Blume auf das Grab meines Freundes und Genossen Gerhard Riege. Denn: Er ist eines der Opfer von Jochen Gauck. Als der Denunziationen über ihn verbreiten ließ und mit dafür sorgte, dass die Treibjagd gegen einen angeblichen IM im Bundestag entfesselt wurde, bis Gerhard sich das Leben nahm!

Kein anderer als Wolf Biermann sagte, als er von Rieges Tod erfuhr: »Allerdings ist Selbstmord nicht gleich Selbstmord. Er kann moralisch misslingen. Ein Beispiel: MdB Professor Riege, Rechtsprofessor an der Universität Jena. Er war Abgeordneter der PDS im Bonner Bundestag. Eines schönen Tages wurde auch er als Stasi-Spitzel entlarvt, und was tat er? Legte er sein Mandat nieder? Beknirschte er sich? Ach was! Er brachte sich um. Man könnte zufrieden sein. Aber nein. Er vergiftet diesen Tod mit einer neuen Lebenslüge.

Er hinterlässt eine Nachricht: Ich war ein gejagtes und schuldloses Opfer. Und seine Partei dankt es ihm und schlachtet ohne Scham den Selbstmord propagandistisch aus: Schluss mit den Hexenjägern aus der Gauck-Behörde.«

Niedrigste Instinkte anstachelnd, pries er noch den »Nutzen« solcher Selbstmorde: Es würden Wohnungen frei für Asylanten. Die Gesellschaft würde Milliarden an Pensionen und Renten sparen. Unser reiches Land könnte das so gesparte Geld an die ärmsten Völker vergeben.

Hatte Gauck nicht mal einem Journalisten geantwortet, er hätte nur »selten« von Selbstmorden der von ihm Gehetzten gehört?

Schon deshalb wollte ich ihn daran erinnern!

WELT ONLINE: Sind Sie eitel?

Gauck: Ich bin es in dem Maße,
in dem das öffentliche Personen gemeinhin sind.
Ich denke aber, dass ich es heute weniger bin,
als ich es einmal war.

7. Juni 2010

Kurz vor Redaktionsschluss

Von Robert Allertz

Nun soll also ein 72-Jähriger Bundespräsident werden. So ein altes Staatsoberhaupt hatte dieses Land noch nie. Selbst in den Nachkriegsjahrzehnten, in denen die Weißhaarigen das Sagen hatten, hatte kein Bundespräsident die 70 bei Amtsantritt überschritten. (Nur Wilhelm Pieck war schon 73. Aber mit dem will Gauck bestimmt nicht verglichen werden.)

Nun kann man dies als Indiz für die wachsende Vergreisung des Landes interpretieren – wenn das ganze Land älter wird, wird es folgerichtig auch sein politisches Personal. Denkbar ist auch, es der durchaus sympathischen Entwicklung zuzuschreiben, dass wir immer älter werden und trotzdem fit bleiben. Nicht jeder wird gottlob dement oder erkrankt an Alzheimer wie Heinrich Lübke. Wie auch die Umkehrung gilt: Jung oder jünger zu sein ist nicht unbedingt Ausweis für qualifiziertes Handeln. Wulff ging über die Wupper mit 52, wobei ich noch immer nicht weiß, warum die politische Klasse, die, um Gauck zu verhindern, Wulff ins Amt gehoben hatte, ihn so rasch wieder loswerden wollte.

Bei seinem Vorgänger Köhler war das klar: Der hatte auf dem Rückflug aus Afghanistan Journalisten gesagt, dass es nicht um Demokratie gehe, die deutsche Soldaten angeblich am Hindukusch verteidigten, sondern um Wirtschaftsinteressen. Auch wenn's die Spatzen längst von allen Dächern pfiffen, las das deutsche Kapital so etwas nicht gern in seinen Zeitungen. Wie sich diese Kaste ohnehin nicht gern die Leviten lesen lässt.

Die Gefahr besteht bei Gauck nicht. Der findet alles toll, was unter der Phrase »Freiheit« stattfindet: die Freiheit der Ausbeutung von Mensch und Natur, die Freiheit der Volksverdummung, die Freiheit der Bespitzelung und Überwachung, die Freiheit der Denunziation Unbescholtener, die Freiheit sich zu bereichern …

Und er hat Journalisten, die ihm wiederum zum Munde reden, dass man sich die Frage stellt, ob sie ihr Hirn ausgeschaltet haben. Nicht nur die beiden letzten DDR-Chefredakteure der *Jungen Welt* lassen begeistert unter sich. König, inzwischen beim *stern*, schreibt – sich hinter einem anonymen Plural verbergend – am 23. Februar 2012: »Viele glauben, dass Joachim Gauck ein guter Bundespräsident wird.«

Sein Vorgänger Schütt, beim *neuen deutschland* gestrandet, schreibt nicht so direkt, kurz und knackig, dafür gewohnt appellativ, wie er es schon immer tat, und verdreht-verschwiemelt, wie er es seit 1990 tut: »Wenn der Wechsel der Welten aus SED-Funktionären Demokraten machte, aus ostdeutschen Planwirtschaftsdienern selbstbewusste Marktwirtschaftsbetreiber, aus Eingegrenzten souveräne Freie – warum sollte es nicht möglich sein, sämtliche begründete Vorbehalte, die man aus linker, ostdeutscher Seite gegen den Kandidaten haben kann, für Momente des Abwartens gleichsam ruhen zu lassen? So, wie man ein Amt ruhen lässt, bevor nicht bestimmte Klarheiten zu Tage traten.«

Tatsächlich, das stand am 21. Februar 2012 so in der »sozialistischen Tageszeitung«. Mit gleicher fataler Tonalität war vor einigen Jahrzehnten schon einmal einem deutschen Kanzler »Momente des Abwartens« zugestanden wurden: Lasst den erst mal machen, der wird schon von allein abwirtschaften.

Nein, man sollte Vorbehalte nicht ruhen lassen: Dazu sind diese zu gewaltig und das Amt am Ende doch zu wichtig, um ihm eine neuerliche Fehlbesetzung zu wünschen.

Gaucks »staatsmännische Qualitäten« seien »hauptsächlich von der Springer AG erfunden worden«, meinte Marian Krüger am 24. Februar 2012 im *neuen deutschland*, damit zeigend, dass im dortigen Blatte noch nicht alle im Staube liegen. »Gauck mögen noch so viele prunkende Gewänder umgehängt werden, der Mann ist weder Intellektueller noch Staatsmann, noch hat er die Verdienste um die deutsche Einheit, die ihm nachgesagt werden.«

Klaus Huhn hat auf den Seiten zuvor die Schimäre als eine solche erkennbar gemacht.

Andere hingegen haben sich selbst entblößt. Etwa die Linkspartei, zum Großen Küchenkabinett noch nicht zugelassen, kocht im eigenen und ließ sich vorführen. Wieder einmal. Weil man nicht mitkochen durfte, dachte die Parteivorsitzende nach und ließ beiläufig einen Namen fallen. Ein Berliner Journalist – Name von Zeitung und Gossip sind bekannt – rief sofort in Paris an und erkundigte sich bei der 73-jährigen Dame – von der die Parteivorsitzende vermutlich nicht mehr wusste als, dass diese in den 60er Jahren mal einen Bundeskanzler geohrfeigt hat (was sie natürlich hinlänglich für das Amt des deutschen

Staatsoberhauptes qualifiziert) –, ob sie für eine Kandidatur zur Verfügung stünde. Die sagte Ja, und damit war die Nachricht in der Welt, die die übrige Partei erst aus der Zeitung erfuhr. Nun wurden weitere Namen gerufen, die man wegen einer Kandidatur konsultieren und darüber dann entscheiden wollte, womit der Vorgang nun völlig apolitisch-dilettantisch wurde. Denn: Wegen der Mehrheitsverhältnisse in der Bundesversammlung hat kein Kandidat der Linken eine Chance, selbst wenn dieser Barack Obama hieße. Warum also muss man da eine Persönlichkeit als Fallobst ins Rennen schicken? Nur um die anderen zu ärgern?

Politisch wäre es gewesen, die eigenen Wahlfrauen und -männer auf ein klares Votum *gegen* Gauck einzuschwören, um dann am Ende festzustellen, dass der gewählte Präsident mehr Nein-Stimmen bekommen hat, als unter der Flagge der Linken vereint waren. Denn die Wahl ist geheim, und Gauck hat auch in den anderen Parteien nicht nur Freunde.

Zu jenen, die ihn definitiv und öffentlich ablehnen, gehört erklärtermaßen auch Peter-Michael Diestel (CDU). »Ich glaube, dass uns nach dem Desaster mit Christian Wulff eine weitere kalte Dusche erwartet – in welchem Ausmaß, werden wir noch sehen«, prophezeite er der *jungen Welt* am 25. Februar 2012. Auf die Medien angesprochen, die Gauck auf den Schild gehoben und zur demokratischen Lichtgestalt, zum »Freiheitslehrer«, hochgejubelt hatten, erklärte der Rechtsanwalt hintersinnig: »Hätte Gauck eine auch nur geringfügige Eignung für dieses Amt, hätte er eine solche Etikettierung abgelehnt. Dass er mit der Bürgerrechtsbewegung in der DDR nicht das geringste zu tun hat, weiß kaum jemand besser als ich.«

Inzwischen wissen es auch noch ein paar mehr.

Der Zweifel wuchert in diesem Lande, doch er wird Gaucks Wahl nicht verhindern. Und dass er selbst das Handtuch vor dem 18. März wirft, steht nicht zu befürchten. Denn wenn er eines nicht sagen kann, dann ist es das Wörtchen NEIN.

Der von Klaus Huhn zitierte Tschiche erregte sich mit Recht, dass Gauck in München dem ihm vorangetragenen Vergleich mit den Geschwistern Scholl nicht zurückgewiesen habe. Dies wäre auch ohne Affront gegenüber jenen, die ihn ungerechtfertigt damit hatten ehren wollen, denkbar gewesen. Doch Bescheidenheit ist Gaucks Sache nicht.

Oder nehmen wir den 68-jährigen Heiko Lietz aus Schwerin, Theologe und Mitbegründer des *Neuen Forum* einst. Die *Süddeutsche Zeitung* besuchte ihn in seinem Bürgerbüro und berichtete am 28. Februar 2012 darüber. Der Mann nennt Gauck, der mal sein Freund war, eine »Kunstfigur«. »Hätte er nicht zur Kanzlerin sagen müssen: ›Liebe Frau Merkel, Sie sprechen mir eine Bedeutung zu, die ich nicht hatte‹?«, zitiert ihn das Blatt.

Gaucks Unbescheidenheit scheint weniger mit Kunst als mit seinem Charakter zu tun zu haben, doch die Ehrlichkeit des einstigen Weggefährten Lietz steht außer Zweifel. »Spät sei Gauck im *Neuen Forum* aufgetaucht und habe sich nach Berlin wählen lassen, ›als der Zug schon längst abgefahren und das Tor weit auf war‹. Und dann, als die SED kapitulierte, ›musste jeder gucken, was ihm wichtig war‹. Die Kluft, die damals aufbrach, tritt nun wieder zutage. Viele, die von Anfang an dabei waren, hatten von einer besseren DDR geträumt, einem menschlichen Sozialismus in Freiheit, auch Lietz. Gauck sei anders gewesen«, gibt die *Süddeutsche Zeitung* den Schweriner Theologen wieder und fährt fort: »Bald wirkte Gauck, der dann die Behörde für Stasi-Unter-

Unbekannter Autor

lagen führte, auf Lietz wie aus einer anderen Welt. Der Theologe erinnert sich an eine Tagung in den Neunzigern. Er mahnte, die friedliche Revolution sei nicht zu Ende; er wollte für eine gerechte Gesellschaft kämpfen. Sein Freund Jochen (*d. i. Joachim Gauck – R. A.*) habe davon nichts wissen wollen. ›Heiko‹, habe der gesagt, ›Leute mit Meinungen, wie du sie jetzt hast, die gehören auf die Couch‹.«

Der 83-jährige Tschiche legte noch einmal nach, nachdem die Zeitung aus München auch bei ihm anklopfte. Ihn bedrücke sehr, wie der Druck auf die Menschen zunehme, viele um ihre Existenz bangten und keine Sicherheit mehr empfänden. »Dazu müsste ein Bundespräsident Gedanken entwickeln, sagt er. Gauck traut er das nicht zu.« Und selbstkritisch bekennt er, dass die Bürgerbewegten 1989/90 »nur die Türöffner« für den Westen gewesen seien. »Das bundesdeutsche System wollte Leute, die sich anpassten. Gauck ist so, wie sie ihn brauchten.«

Den Nachdenklichen fährt die geballte Medienmacht über den Mund, die Nachplapperer auf den Sofas und in den Salons verstärken das Geschwurbel. Die absurdesten Vergleiche werden bemüht, die Reinheit der Weste und die Lauterkeit des Charakters gelobt. Aber seien wir mal ehrlich: Er hatte ja nur noch keine Gelegenheit, zum Amigo zu werden. Die »Stasi«-Akten, die Gauck verwaltete und verteilte, waren für die westdeutschen Herrenreiter uninteressant, sie taugten allenfalls, um potenzielle ostdeutsche Konkurrenten auszuschalten. Sie selber hatten nichts zu fürchten, weil sie ohnehin nur Gott und nicht die Verkünder seines Wortes zu fürchten haben. Diese Leute taugten eben nur als Türöffner

(Tschiche) oder für die Drecksarbeit, nicht für richtige Seilschaften und Männerbünde.

Was also einige als Gaucks Vorzug herausströten, ist in Wahrheit sein Malus. Aber den kann er jetzt ja überwinden.

Sein Defizit wird ihm allerdings kaum bewusst, denn wie die *Financial Times Deutschland* offenbarte, besitzt er auch die Gabe, sich »an der eigenen Bedeutung (zu) berauschen«. Was folgt noch? Dass er übers Wasser läuft?

Gerhard Zwerenz, der Schriftsteller und schon immer Bürgerbewegte, richtete an die *junge Welt* einen Leserbrief, nachdem die Zeitung die Seligsprechung des Kandidaten vermeldet hatte. Zwerenz lenkte am 25. Februar 2012 die Aufmerksamkeit auf ein Faktum, das bislang nirgendwo angeschnitten worden ist: »Pastor Gauck sprach sich am 5. 6. 2011 in der Paulskirche gegen die 68er-Bewegung aus. Das ist logisch. Die 68er revoltierten gegen ihre Nazi-Eltern. Joachim Gaucks Eltern waren früh faschistisch. Die Mutter als alte Kämpferin seit 1932, der Vater ab 1934 Mitglied der NSDAP.

Nun ist niemand für seine Erzeuger verantwortlich. Doch Gauck argumentiert in vielen Punkten wie ein getreuer Sohn. Laut eigener Aussage ist er ›mit einem gut begründeten Antikommunismus aufgewachsen‹ – so ehrt er als braver Christ Mutter und Vater in Ewigkeit. Amen! Sowohl aus familiärer wie nationaler Tradition ist ein Bundespräsident Gauck der passende Ausdruck deutscher Einheit in Treue zur Vergangenheit.«

Der Einwurf von Zwerenz scheint so abwegig nicht. *Welt online* hatte nämlich Gauck am 17. November 2011 mit dem Satz zitiert: »Von dem Vorschlag, für die Opfer der gerade bekanntgewordenen Mordserie von Neonazis einen Staatsakt zu veranstalten, halte ich nichts.« Inzwischen aber designierter Bundespräsident konnte er seiner Ablehnung nicht mehr die Absage folgen lassen: Er saß darum brav auf seinem Stühlchen im Berliner Konzerthaus am Gendarmenmarkt. Nicht in der ersten Reihe, wie sein Sprecher gegenüber der Nachrichtenagentur *AFP* zuvor mitteilte, sondern »als Bürger«.

Es sind einzelne Momente, die da und dort nur aufglimmen und trotzdem ein Schlaglicht auf den Mann werfen, den doch das deutsche Volk angeblich mehrheitlich an sein Herz gedrückt hat.

Am 24. Februar 2012 liest Gauck in einem Theater in Fürth aus seinen Erinnerungen, es ist der Abschluss seiner Lesereise und der Auftakt fürs neue Amt, denn Stunden zuvor ist er in Berlin gesalbt worden. »Als er ankommt, ist es kurz vor halb acht«, berichtet anderntags die *Frankfurter Allgemeine Sonntagszeitung.* »Er fährt in einem schwarzen Staatsmercedes vor, umgeben von Bodyguards, mit Lebensgefährtin und Tochter. Er blinzelt und setzt die Brille ab. Weiß er, wo er ist? Fürth: Quelle, Grundig, AEG, alles pleite, eine arm gewordene Arbeiterstadt«, heißt es weiter. Der Autor bleibt die Antwort schuldig, man findet sie zwischen den Zeilen.

»Gauck sagt, es werde ein besonderer Abend. Es ist für ihn ein Abschied. Er werde den Leuten vom Osten erzählen, von einer ›fernen, fremden Welt‹, einer ›untergegangenen Diktatur‹. Immer noch überkomme ihn bei diesen Lesungen eine Trauer über sein Leben in Unfreiheit.«

Bei einer Lesung in der Rostocker Thalia-Buchhand-
lung am 19. Januar 2010

Es sind immer die gleichen Phrasen und Platthei-
ten, die offenbaren, wie weit der Mann inzwischen
dem tatsächlichen Leben entrückt ist. Die Kunstfigur agiert in einem künstlichen Raum, nicht in der
Wirklichkeit. »Mit dem Gesicht zum Volke. Nicht
mit den Füßen in 'ner Wolke, nein: Mit dem Gesicht
zum Volke«, sang einst der Liedermacher Gerhard
Schöne. Das war damals, in der DDR, und war auf
unsere Oberen gemünzt. Der Appell scheint niemals
angebrachter als hier.

Und dann schließlich erfolgt, wie bei Lesungen
üblich, das Defilee der Autogrammsammler. Sie stel-

len sich mit ihren Büchern an, die sie von Gauck gezeichnet haben wollen.

»Da sitzt er, an seinem Tisch, Hunderte Bücher soll er signieren, alle wollen mit ihm reden. Alle wollen, dass er fragt: Und wer sind Sie? Und das tut er nicht«, bemerkt der unvoreingenommene, aber aufmerksame Beobachter der *Frankfurter Allgemeinen Sonntagszeitung*.

»Gauck sagt ihnen hallo, aber viel mehr auch nicht, stattdessen sagt er ›So, und weiter! Zügig! O je, o je, wenn jetzt alle noch Namen in das Buch haben wollen. Nein.‹

Irritation.

›Herr Gauck‹, sagt einer, und er stammelt, er hatte es sich in der Schlange schon zurecht gelegt, jetzt stolpern die Worte, ›froh, dass Sie jetzt Präsident werden ... Die Würde des Amtes wieder, wieder ...‹

Aber Gauck hört ihm gar nicht zu, er kramt nach einem neuen Kuli und wendet sich dem Nächsten zu. Der Bürger wird knallrot und wendet sich kopfschüttelnd ab, er ist verletzt.

Als wieder jemand mit Gauck reden will, sagt er: ›Gucken Sie mal, wie viele Leute da hinter Ihnen stehen.‹

So erklärt man Kindern Notwendigkeiten.

Der Mann nickt, ›Tschüss‹, sagt Gauck, noch dreihundert Bücher, dann hat er frei.«

Wie hieß es in der *Berliner Morgenpost* am 28. Februar 2012? »Gauck hat den Ruf offen zu sein und den Menschen zuzuhören.«

Seine Memoiren hat Gauck, wen überrascht es, natürlich nicht selbst geschrieben. »Ohne Helga Hirsch wäre das Buch nicht fertig geworden«, bekannte er bei einer Lesung, die die Konrad-Adenauer-Stiftung in Braunschweig im April 2010 veranstaltete. Frau Hirsch, eine westdeutsche Journalistin, firmierte damals als seine persönliche Referentin, Freundin und Ko-Autorin, und auf einem kurzen Video-Schnipsel – auf *Youtube* zu besichtigen – erklärt die Dame, dass sie sich seit März 1990 kennen. »Wir waren beide antikommunistisch«, stellte sie der Antwort auf die Frage voran, was sie mit Gauck verbinde. »Wir haben uns über Antikommunismus positiv definiert.«

Das muss unsereinen nicht schrecken, wohl aber, was einer Frau widerfuhr, die in Wustrow auf dem Darß lebt. Sie hat das Pech, wie jene antikommunistische Ghostwriterin zu heißen. Und so meldete die *Ribnitz-Damgartener Zeitung* am 27. Februar 2012 entrüstet: »Weil eine Namensvetterin an einer Gauck-Biografie mitschrieb, wird Helga Hirsch aus Wustrow immer wieder angefeindet. Seitdem Joachim Gauck für das Amt des Bundespräsidenten vorgeschlagen wurde, häufen sich die anonymen Anrufe. Müll und sogar Hundekot wurden in den Vorgarten der 71-Jährigen geworfen.

Die Kritiker meinen, dass in der Gauck-Biografie ›Winter im Sommer – Frühling im Herbst‹ alles falsch dargestellt sei. Und sie als Co-Autorin sei dafür mitverantwortlich. Aber die Wustrowerin kennt weder das Buch noch Herrn Gauck. Sie fühlt sich inzwischen massiv bedroht und sieht sich als Opfer einer Verwechslung.

Erst am Sonntag rief Hirsch die Polizei. Die Beamten rieten, einen Brief an das Bundespräsidialamt zu richten und sich an die Presse zu wenden.«

Nun ja, es ist nicht unbedingt die feine englische und demokratische Art, fremden Leuten Abfall und Hundeköttel in den Garten zu werfen. Das sollte man sowohl bei Unschuldigen wie auch bei Belasteten unterlassen. Gleichwohl verrät die Nachricht in der Lokalzeitung einiges. Erstens: Es gibt Menschen in Mecklenburg, die von ihrem berühmten Landsmann noch nie etwas gehört haben (wozu in der Tat

»Froh gelaunt kehren Joachim Gauck und die NRW-CDU-Prominenz aus der Klosterkirche Marienthal zurück«, schreiben die RuhrNachrichten *am 26. Februar 2012 zum Foto. Der frohgelaunte Herr mit den weichen Knien ist der namentlich Genannte*

einiges gehört. Und besonders in diesem Falle: Gauck wuchs in Wustrow auf). Zweitens: Es scheint einige in Mecklenburg zu geben, denen nicht nur Gauck, sondern auch dessen Edelfeder namentlich bekannt ist. Drittens schließlich: Etlichen scheint offenkundig nicht zu gefallen, was diese beiden zu Papier gebracht haben, weshalb sie mangels anderer Gelegenheit ihren Unmut auf diese überzeugende Weise bekunden.

Man kann also sagen: Wie es in den Wald hinein-ruft, so schallt es heraus, in diesem Falle: fliegt es über den Zaun. Schlimm nur: Es ist der falsche.

Also Ausdruck des hohen Ansehens, das Gauck »bei den meisten Deutschen genießt« (*Berliner Morgenpost* am 28. Februar 2012 unter der Überschrift: »Der Kandidat der Herzen«), ist das gerade nicht.

Und es könnte sein, dass ihm mancher neben allem anderen auch noch vorwirft, schnell noch mal Kasse machen zu wollen. Denn nach den Memoiren, mit denen er zwei Jahre lang durch Deutschland tingelte, hat er schnell noch »Freiheit. Ein Plädoyer« herausgebracht, ein Vortrag, den er im Januar 2001 in Tutzing gehalten hat. 62 Seiten für zehn Euro, eine ordentliche Rendite. Der Nachrichtensender *n-tv* monierte am 28. Februar den Titel. Eigentlich müss-te das schmale Bändchen »Freiheit. Eine Predigt« heißen. Denn irdisch ist daran so gut wie nichts. »Und in der Tat ist Gaucks Deutschland ein Schla-raffenland, in dem jeder reichlich zu essen und zu trinken hat und nur zu oft nach einem Verfassungs-grundsatz zu handeln scheine, der lauten könnte: ›Die Besitzstandswahrung ist unantastbar.‹ Die Be-völkerungsschicht, die nur mit großer Mühe ihre

Teilhabe am gesellschaftlichen Leben sichern kann, scheint in Gaucks Gedankengerüst zu fehlen.«

Dem gleichen Sender verriet Gaucks Biograf, ein Westfale, was dieser heute für ein Mensch sei: »Er lebt inzwischen ein anderes Leben. Als DDR-Bürger war er vor allem evangelischer Pastor. Ab 1990 war er Behördenchef, seit dem Ausscheiden aus diesem Amt im Jahr 2000 nehme ich ihn vor allem als politischen Mahner und Missionar wahr.«

Dieser Norbert Robers, seit 2009 Sprecher der Universität Münster, rief natürlich auch sofort bei Gauck an, als dieser seine höheren Weihen empfing. *n-tv* wollte wissen, wie dieser darauf reagiert habe.

»Der letzte Satz meines Buches, das 2000 erschienen ist, lautet: ›Die politische Karriere des Joachim Gauck, diese Voraussage sei gewagt, ist noch nicht zu Ende.‹ Über diese Prognose haben wir immer mal wieder gesprochen. Ich habe diesen Satz damals natürlich sehr allgemein formuliert, weil ich kein konkretes Amt vor Augen hatte, aber fest davon überzeugt war, dass der durch und durch politische Mensch Joachim Gauck noch nicht am Ende ist.

Daran erinnerte er sich offenbar, als ich ihn am vergangenen Montag anrief. Seine erster Satz lautete: ›Oh, mein Prophet ruft an.‹«

Heinz Wuschech

eißkittel und Wunderwaffe

SPOT LESS

Heinz Wuschech, einer der bekanntesten Sportmedizi-
ner der DDR, berichtet kurzweilig und informativ
über seine Tätigkeit als Olympiaarzt.
128 S., ill., 9,95 Euro, ISBN 978-3-360-02063-5

Horst Schneider
Das Gruselkabinett des Dr. Knabe(lari)

Gewohnt polemisch setzt sich der Dresdner Historiker
Horst Schneider mit der Praxis der »Stasi-Gedenkstätte«
in Berlin-Hohenschönhausen auseinander.
128 S., 9,95 Euro, ISBN 978-3-360-02046-8

Mark Altten
Das Gaddafi-Komplott

Jahrzehnte vor Gaddafis Sturz wurden Kriminelle von Exillibyern angeworben, um ihn zu ermorden. Eine spannnende Berlin-Recherche von Mark Altten.
128 S., 9,95 Euro, ISBN 978-3-360-02066-6

Wagner und Zander

Sarrazin, die SPD und die Neue Rechte

SPOTLESS

Thomas Wagner und Michael Zander ziehen Bilanz der Sarrazin-Kampagne und in welcher Weise sie die Gesellschaft verändert hat.
128 S., 9,95 Euro, ISBN 978-3-360-02062-8

Robert Allertz

Macht euch von unserem Acker

Der Appell richtet sich an Touristen aus Westdeutschland, die offenbar nur deshalb in den Osten reisen, um ihre Vorurteile bestätigt zu bekommen.
128 S., ill., 9,95 Euro, ISBN 978-3-360-02047-5

Hans Bauer (Hrsg.)
Grenzdienst war Friedensdienst

*Aus Anlass des 50. Jahrestages des 13. August 1961
setzten sich Militärs, Historiker und Zeitzeugen mit
der Staatsgrenze West der DDR auseinander.*
192 S., 9,95 Euro, ISBN 978-3-360-02048-2

Allertz / Eichner

Der Überläufer.
Letztes Kapitel

Hans-Joachim Tiedge war bis zu seiner Flucht in die DDR Abwehrchef des Bundesamtes für Verfassungs-schutz. 2011 verstarb er in Russland. Ein Rückblick 128 S., ill., 9,95 Euro, ISBN 978-3-360-02053-6

Günter Buhlke
Wir sind verloren, wenn es so bleibt

Der einstige Handelsattaché der DDR in Mexiko untersucht die Menschheitsgeschichte und sagt, warum der Kapitalismus überwunden werden muss.
128 S., ill., 9,95 Euro, ISBN 978-3-360-02064-2

ISBN 978-3-360-02068-0

© 2012 spotless im Verlag Das Neue Berlin, Berlin
Umschlaggestaltung/Satz: edition ost
Cover unter Verwendung eines Fotos von Robert Allertz
Druck und Bindung: Nørhaven, Viborg

Ein Verlagsverzeichnis schicken wir Ihnen gern:
Das Neue Berlin Verlagsgesellschaft mbH
Neue Grünstr. 18, 10179 Berlin
Fax 01805/35 35 42
Tel. 01805/30 99 99 (0,14 Euro/Min., Mobil max. 0,42 Euro/Min.)

Die Bücher von spotless und des Verlags Das Neue Berlin
erscheinen in der Eulenspiegel Verlagsgruppe.

www.edition-ost.de